江西财经大学财税与公共管理学院
尚公文库

农村最低生活保障政策执行研究

——以W县为考察样本

赖志杰 ◎ 著

尚公文库

中国财经出版传媒集团
中国财政经济出版社

图书在版编目（CIP）数据

农村最低生活保障政策执行研究：以W县为考察样本/赖志杰著．--北京：中国财政经济出版社，2019.12
ISBN 978-7-5095-9497-1

Ⅰ.①农… Ⅱ.①赖… Ⅲ.①农村-社会保障-福利政策-研究-中国 Ⅳ.①F323.89

中国版本图书馆CIP数据核字（2019）第273075号

责任编辑：胡 博　　　　责任校对：张 凡

中国财政经济出版社出版

URL：http：//www.cfeph.cn

E-mail：cfeph@cfeph.cn

社址：北京市海淀区阜成路甲28号 邮政编码：100142

营销中心电话：010-88191537

北京财经印刷厂印刷 各地新华书店经销

787×1092毫米 16开 11印张 167 000字

2019年12月第1版 2019年12月北京第1次印刷

定价：50.00元

ISBN 978-7-5095-9497-1

（图书出现印装问题，本社负责调换）

本社质量投诉电话：010-88190744

打击盗版举报热线：010-88191661 QQ：2242791300

总　序

习近平总书记在哲学社会科学工作座谈会上指出，一个国家的发展水平，既取决于自然科学发展水平，也取决于哲学社会科学发展水平。坚持和发展中国特色社会主义，需要不断在理论和实践上进行探索，用发展着的理论指导发展着的实践。在这个过程中，哲学社会科学具有不可替代的重要地位，哲学社会科学工作者具有不可替代的重要作用。

习近平新时代中国特色社会主义思想，为我国哲学社会科学的发展提供了理论指南。党的十九大宣告："经过长期努力，中国特色社会主义进入了新时代，这是我国发展新的历史方位。"中国特色社会主义进入新时代，意味着近代以来久经磨难的中华民族迎来了从站起来、富起来到强起来的伟大飞跃。新时代是中国特色社会主义承前启后、继往开来的时代，是全面建成小康社会、进而全面建设社会主义现代化强国的时代，是中国人民过上更加美好生活、实现共同富裕的时代。

江西财经大学历来重视哲学社会科学研究，尤其是在经济学和管理学领域投入了大量的研究力量，取得了丰硕的研究成果。财税与公共管理学院是江西财经大学办学历史较为悠久的学院，学院最早可追溯至江西省立商业学校（1923 年）财政信贷科，历经近百年的积淀和传承，现已形成应用经济和公共管理比翼齐飞的学科发展格局。教师是办学之基、学院之本。近年来，该学院科研成果丰硕，学科优势突显，已培育出一支创新能力强、学术水平高的教学科研队伍。正因为有了一支敬业勤业精业、求真求实求新的教师队伍，在教育与学术研究领域勤于耕耘、勇于探索，形成了一批高质量、经受得住历史检验的成果，学院的事业发展才有了强大的根基。

为增进学术交流，财税与公共管理学院推出面向应用经济学科的“财税文库”和面向公共管理学科的“尚公文库”，遴选了一批高质量成果收录进两大文库。本次出版的财政学、公共管理两类专著中，既有资深教授的成果，也有年轻骨干教师的新作；既有视野开阔的理论研究，也有对策精准的应用研究。这反映了学院强劲的创新能力，体现着教研队伍老中青的衔接与共进。

繁荣发展哲学社会科学，要激发哲学社会科学工作者的热情与智慧，推进学科体系、学术观点、科研方法创新。我相信，本次“财税文库”和“尚公文库”的出版，必将进一步推动财税与公共管理相关领域的学术交流和深入探讨，为我国应用经济、公共管理学科的发展作出积极贡献。展望未来，期待财税与公共管理学院教师，以更加昂扬的斗志，在实现中华民族伟大复兴的历史征程中，在实现“百年名校”江财梦的孜孜追求中，有更大的作为，为学校事业振兴做出新的更大贡献。

江西财经大学党委书记

2019 年 9 月

前　言

《社会救助暂行办法》的颁布宣示着农村最低生活保障政策基本稳定成型，如何实现政策目标即政策执行是农村最低生活保障面临的下一个议题。农村最低生活保障政策执行是指政府尤其是基层政府以政策文本为依据，运用各种资源，对农村居民采取宣传（解释）等行动，向其中的共同生活的家庭成员人均收入低于最低生活保障标准且家庭财产状况符合申请规定的农村居民发放差额补助以保障其基本生活，同时对具体执行者加以协调、监控以保证政策目标实现的活动过程。在我国的行政区划层级中，县级是国家政策能否执行到位的关键层级。对农村最低生活保障政策执行而言，县级政府是与政策目标群体联系最为密切的政策执行主体，因而以县（市、区）为考察样本，能全面反映其执行图景。

本书的研究选取地处中部地区欠发达省份下辖的某国家扶贫工作重点县为考察样本，采取深度访谈法，辅以文献研究法，对该县的农村最低生活保障政策执行进行了研究。研究发现，偏低的保障标准在政策实际执行中缺乏可操作性，原因在于现行的保障资金分级分担比例下上级政府担心较为沉重的财政支出负担而谨慎设置保障标准，同时县级政府已经形成了对上级政府财政的依赖而没有调整（调高）保障标准的积极性，因此政策实际执行中更多是对保障对象实行指标化操作。由于准确核定农村居民家庭经济状况存在一定难度、县级民政部门农村最低生活保障业务股室与乡（镇）民政所工作人员不足，民政部门过度倚重村委会确定保障对象，基本能将村庄公认的穷人纳入保障范围。保障对象的村庄筛选不能保证筛选结果的公平、公正，基于“私利”的人情保、关系保与基于“公益”的搭车保严重干扰着保障对象的确定。

研究还发现，通过广播、电视、报纸等常规媒体宣传农村最低生活保障政策不能取得较好的宣传效果，而县、乡（镇）民政部门因为工作经费不足等原因缺乏政策宣传动力，村委会没有开展政策宣传的动机，导致农村居民的政策知晓率偏低。公示没有按质按量按时张贴，村民缺乏监督意愿，同时公示对象基本没有“污名感”，农村最低生活保障的张榜公示效果并不能取得预期效果。政策的长期变通执行产生的负面影响之一就是催生了“不要白不要”的“低保文化”，保障对象的动态管理只能通过专项整治的方式开展，但搭车保并不会被取消，同时保障对象规模指标化下，清理出来的指标将继续被同样多重干预之下确定的保障对象占据。政策执行中还存在对执行机构及其工作人员监督乏力、激励不足的问题，很难做到“谁调查、谁审核、谁签字、谁负责”，也很难调动工作积极性。此外，农村最低生活保障与其他社会保障“捆绑”的政策设计有其合理的一面，但也提高了低保待遇资格的“含金量”，是导致人情保、关系保、骗保等现象的重要诱因。

基于史密斯模型，在理想化的政策方面，研究认为应该尽快明确农村最低生活保障所需资金在中央政府与各省级政府之间的分担比例，省级以下地方各级政府之间的分担比例由各省级政府自行制定，同时加强对各级政府财政资金投入情况的监督检查。在执行机构方面，应该保障县级民政部门农村最低生活保障业务股室与乡（镇）民政所满编满岗，加强在岗工作人员的业务培训，同时保障基本工作经费；财政、纪委监察与审计等部门也应在各自职责范围内做好对农村最低生活保障政策执行的监督工作。在目标群体方面，应该重视农村最低生活保障政策的宣传工作，注重改进宣传方式，提高农村居民的政策知晓率，激发农民居民的参与热情。在环境因素方面，党委、政府应转变执政理念，强化对农村最低生活保障政策重要性的认识，扭转政策执行资源不足、政策执行偏差的局面，同时要继续完善社会保障体系，协同推进社会保险、社会福利与社会救助建设，减轻最低生活保障的救助压力，使政策定位得以回归。

另外，萨拉蒙的政府—非营利部门伙伴关系理论指导下的社会工作者、社会工作机构作为第三方介入农村最低生活保障政策执行的政策执行完善方案在当前绝大多数地方还不具有可行性，这主要是因为基层对社会工作者、社会工作机构缺乏基本认识，而且基层的社会工作者、社会工作机构匮乏。这种政府购买服务方式的经济性以及能否突破家庭经济状况核查的客观困难，都是值得考量的因素。当前较为可行的方式是吸纳社会工作者进入农村最低生活保障执行机构，对在职工作人员进行社会工作专业理念与技能的培训。

目　录

第一章

绪　　论

农村最低生活保障是我国社会救助体系的重要组成部分，是保障农村居民获得最基本生活的“最后一道防线”。自农村最低生活保障在全国范围内全面实施以来，学者们已从多个角度对其进行了研究，而本书以政策执行作为研究视角，拟选取某个具体的县（市、区）作为样本，对农村最低生活保障政策执行过程进行考察，探析存在的执行偏差及其成因，并对完善政策执行提出建议。在本章中，将首先对研究的缘起、背景与目的进行介绍，然后对国内外相关文献进行梳理与介绍。

第一节　研究的缘起、背景与目的

一、研究的缘起与背景

《社会救助暂行办法》（以下简称《暂行办法》）的颁布宣示着农村最低生活保障政策已经基本成型，对农村最低生活保障政策制定方面的研究将暂告一段落，政策执行是下一个热点议题。同时，县级历来是我国国家治理的关键层级，在现行的“压力型体制”下，农村最低生活保障政策是否按政策文本的要求得以执行值得我们关注。这些便构成了本书的研究缘起与背景，具体阐述如下。

（一）农村最低生活保障政策基本稳定成型，执行成关键

国家对共同生活的家庭成员人均收入低于当地最低生活保障标准，且符合

当地最低生活保障家庭财产状况规定的家庭，给予最低生活保障[①]。以城乡为界，最低生活保障政策分为城市最低生活保障政策与农村最低生活保障政策。城市最低生活保障政策探索始于上海市，1993 年上海市在全国率先建立了城市居民最低生活保障制度，1997 年 9 月国务院发布《关于在全国建立城市居民最低生活保障制度的通知》（国发〔1997〕29 号），明确提出在1999 年底以前在全国所有的城市和有建制镇的县人民政府所在地建立城市最低生活保障制度。1999 年，国务院常务会议通过《城市居民最低生活保障条例》并于当年 10 月 1 日起施行，标志着我国城市居民最低生活保障工作正式走上了法制化的轨道，也标志着这项工作取得了突破性的重大进展[②]。

农村最低生活保障政策的前身是农村特困户救助政策。农村特困户救助是在农村原有定期或不定期救济制度基础上发展起来的，是部分农村地区（主要是中西部地区）在没有全面建立低保制度的情况下对个别贫困农户提供的定期、定量救济[③]。山西省是最早探索建立农村最低生活保障政策的省份，山西省民政厅于 1994 年在阳泉市开展了建立农村社会保障制度的试点，在该市下发的实施文件中包含了建立农村居民最低生活保障的初步设想[④]。民政部 1996 年印发了《关于加快建立农村社会保障体系建设的意见》，制定了《农村社会保障体系建设指导方案》，开始在全国范围内增加农村最低生活保障制度的试点。2007 年国务院《关于在全国建立农村最低生活保障制度的通知》（国发〔2007〕19 号）的发布，标志着开始在全国范围内普遍建立农村居民最低生活保障制度。

最低生活保障政策的执行一度处于无法可依的境地，依据中央政府及地方政府、各级民政部门及其他相关部门颁布的“方案”“通知”等执行。为使包括最低生活保障在内的各项社会救助政策执行有法可依，减少执行的随意性，有关机构自 20 世纪 90 年代起一直在推动社会救助的立项与起草工作，期间历经八届全国人大到十二届全国人大，时间跨度 20 年，但《社会救助法》均未

---

① 国务院：《社会救助暂行办法》，http：//www. gov. cn/flfg/2014 －02/27/content_ 2624221. htm。

② 多吉才让：《中国最低生活保障制度研究与实践》，人民出版社 2001 年版，第 118 页。

③ 关信平：“中国综合社会救助制度发展战略”，载郑功成主编《中国社会保障改革与发展战略》（救助与福利卷），人民出版社 2011 年版，第 61—82 页。

④ 多吉才让：《中国最低生活保障制度研究与实践》，人民出版社 2001 年版，第 226 页。

能出台[①]。国务院于2014年2月颁布了《暂行办法》，自2014年5月1日起施行。《暂行办法》是我国第一部统筹各类社会救助制度的行政法规，是我国统筹构建社会救助体系的标志[②]。最低生活保障与特困人员供养、受灾人员救助、医疗救助、教育救助、住房救助、就业救助与临时救助一同写进了《暂行办法》，共同构成了我国的社会救助政策体系。根据《暂行办法》，最低生活保障在社会救助体系处于基础性地位，最低生活保障家庭成员在有需要的情况下可以享受医疗救助、教育救助、住房就与就业援助。

综上，农村最低生活保障政策经历了从地方试点到全国全面实施，实施依据也从各级党委政府、民政部门及其他相关部门颁布的文件上升为国务院颁布的行政法规。《暂行办法》对保障标准的确定、家庭经济状况的认定、申请的程序、动态管理、监督管理、法律责任等进行了规定，最低生活保障政策已经基本稳定成型。伍德罗·威尔逊（Woodrow Wilson，1887）在被后人视为公共行政学开山之作的《行政学之研究》一文中曾耐人深思地提到"宪法的执行要比它的制定更难"[③]；美国当代著名政治学家格雷厄姆·T. 艾利森（Graham T. Allison，1971）认为"在实现政策目标的过程中，方案确定的功能只占10%，而其余90%取决于有效的执行"[④]。这些观点都在表明，制定了政策并不意味着政策可以得以有效执行。从政策的制定到政策目标的实现是一个执行的过程，其中既涉及不同层级执行主体之间的政策文本传递与再造问题，又涉及政策目标群体是否遵从以及在何种程度上遵从政策的问题。执行的过程中，很容易发生偏差，导致政策目标不能实现或不能完全实现。最低生活保障政策的执行中已经出现了一些较为突出的偏差，引起了社会各界的关注，一部分人抨击待遇资格的苛刻审查程序，认为会对保障对象产生"污名效应"；一部分人又指责政策容易造就"福利懒汉"，甚至出现居民骗保的行为；还有一部人

① 期间《社会救济法》的立法被1993年八届全国人大常委会与2003年十届全国人大常委会列入立法规划，2005年开始起草时最终更名为《社会救助法》。

② 李立国："推进社会救助法治化的重要举措——深刻理解和把握《社会救助暂行办法》"，《人民日报》2014年4月29日第7版。

③ Woodrow Wilson. The Study of Administration [J]. Political Science Quarterly, 1887 (2): 197–222.

④ Graham T. Allison. Essence of Decision: Explaining the Cuban Missile Crisis [M]. Boston: Little Brown, 1971: 176.

提出最低生活保障标准太低，保障能力有限。另外，媒体对政策执行过程中出现的人情保与关系保、搭车保[①]、骗保等现象也给予了高度关注。

最低生活保障政策在实践中是如何执行，是否真正存在上述主要执行偏差问题，如果存在，成因又是什么，这些问题一直困扰着笔者。同时，与城市最低生活保障相比，农村最低生活保障的保障对象规模更大，涉及面更广，而且笔者来自农村，因此笔者对农村生最低生活保障政策的执行要更为关注。

（二）农村最低生活保障政策执行能否到位，县级是关键

“郡县治，天下安”，自秦始皇推行郡县制以来，县级一直是国家治理的关键层级，也是上级政策能否执行到位的关键层级。宪法赋予县级以上地方各级政府行使“管理本行政区域内的经济、教育、科学、文化、卫生、体育事业、城乡建设事业和财政、民政、公安、民族事务、司法行政、监察、计划生育等行政工作，发布决定和命令，任免、培训、考核和奖惩行政工作人员”的权限[②]。而作为基层政权机关的乡（镇）政府的职责是“执行本级人民代表大会的决议和上级国家行政机关的决定和命令，管理本行政区域内的行政工作”[③]。按照“职责同构”原则，县级以上地方政府设置了除国防、外交以外的所有部门，具备执行上级政策的人力、财力的组织与调配能力。因此，笔者认为，县级是国家政策执行的基本单位。具体到农村最低生活保障政策，根据《暂行办法》的规定，县级以上地方各级政府管理本行政区域的农村最低生活保障，具体工作由民政部门承担。县级人民政府民政部门负责最终审批申请、发放补助金与动态管理保障对象。因此，在农村最低生活保障政策执行中，县级政府是县级以上地方各级政府中与政策目标群体直接接触的政策执行主体，或者说县级政府是与农村最低生活保障政策目标群体联系最为密切的政策执行主体。

荣敬本等（1998）首创了“压力型体制”来描述县—乡（镇）两个层级政府的运行关系，“所谓压力性体制，指的是一级政治组织（县、乡）为了实

---

① 本书研究考察样本县 W 县的干部、群众将“搭车保”称为“政策保”，第三章第三节将详细阐述。

② 《中华人民共和国宪法》第一百零七条第一款。

③ 《中华人民共和国宪法》第一百零七条第二款。

现经济赶超，完成上级下达的各项指标而采取的数量化任务分解的管理方式和物质化的评价体系”[①]。该概念获得了学术界的广泛认可，并扩展至描述地方各层级政府的运行关系。在压力型体制下，基本上是权力逐级上收、矛盾逐层下递、压力逐层加大，省和市这两个中间层级在一定程度上既不最终承受压力也不直接面对矛盾，于是矛盾都集中交织在县这一级[②]。县级政府除了要确保经济发展，同时面临中央政府规定的人口和计划生育、社会综合治理、环境保护、节能减排与省、市级政府层层下达的诸如招商引资、信访等其他“一票否决”事项。因此，县级政府面临多重压力，需要在既定行政资源总量内权衡各项政策的执行，县级政府对某项政策的重视程度直接关系到它能否能够执行到位。

农村最低生活保障政策执行跨越了中央—省—市—县—乡（镇）五级政府层级，如果算上政策目标群体所在农村场域的村委会日益浓厚的行政化色彩，农村最低生活保障政策执行跨越了六级层级。因此，以县（市、区）为考察样本，最能直接反映农村最低生活保障政策的执行图景。

二、研究的目的

基于以上研究缘起与背景，本书拟对农村最低生活保障政策在实践中的执行过程加以考察，分析执行过程中存在的偏差现象及其成因，在此基础上提出完善执行的政策建议。具体而言，本书的研究目的有以下三点。

（一）考察农村最低生活保障政策的实际执行情况

毛泽东在《反对本本主义》一文中提出了“没有调查，就没有发言权”的著名论断[③]，对于学习政策科学尤其是侧重于应用的社会政策的学者而言，社会调查是必不可少的。本书的研究针对农村最低生活保障政策执行问题，非常有必要在现实的社会、政治与经济环境中对政策的实际执行加以考察，以了

---

① 荣敬本等：《从压力型体制向民主合作体制的转变：县乡两级政治体制改革》，中央编译出版社1998年版，第28页。

② 贺东航、孔繁斌：“公共政策执行的中国经验”，《中国社会科学》2011年第5期，第61—79、220—221页。

③ 毛泽东：“反对本本主义”，载中共中央文献研究室、中国井冈山干部学院编《毛泽东中央革命更具地斗争时期调查文集》，中央文献出版社2010年版，第7—14页。

解政策执行的真实图景。在这一过程中，将重点分析农村最低生活保障存在的政策执行问题，也将验证已有研究文献以及媒体报道的农村最低生活保障政策执行中存在的突出问题，即人情保、关系保、搭车保、骗保以及福利污名、福利依赖是否真实存在。

（二）探析农村最低生活保障政策执行偏差的成因

政策执行是一个非常复杂的过程，在现实的社会、政治与经济环境中，政策执行主体、政策目标群体出于各自的利益采取行动策略，同时，政策目标群体并非被动地接受政策执行主体的各项安排，政策目标群体具有主观能动性。对于农村最低生活保障政策的执行偏差的原因，需要从执行主体、目标群体以及现实环境多个角度进行全面分析，而不能将责任片面地归咎于基层民政干部、乡（镇）干部以及村干部的不作为，或是农村居民及保障对象的道德失范。

（三）提出治理农村最低生活保障政策执行偏差的建议

政策目标能否实现取决于执行，在农村最低生活保障政策基本定型的今天，需要更多地关注执行的问题。针对政策执行偏差提出完善的对称建议是本书研究的落脚点和目的之所在。在完善建议中，本书也将对社会工作者、社会工作机构作为第三方介入农村最低生活保障政策执行的可行性进行初步探讨。

第二节　国内外研究文献综述

按照通常的研究路径，在具体研究工作展开之前需要对国内外相关文献进行回顾、梳理与分析，以明确已有文献在本书的研究选题方面的主要见解，进一步发现其中存在的有待进一步研究的空间，从而使研究的思路与内容更加清晰、具体而有见地。政策执行研究源于美国，始于《执行》[①] 一书在 1973 年的出版，基本在同一时期传入我国。政策执行研究至今已经经历了研究路径各

① Jeffry L. Pressman and Aaron Wildavsky. Implementation: How Great Expectations in Washington are Dashed in Oakland; or, Why it's Amazing That Federal Programs Work at All, This Being a Saga of the Economic Development Administration as Told by Two Sympathetic Observers Who Seek to Build Morals on a Foundation of Ruined Hopes [M]. Berkerley: University of California, 1973.

异的三个研究阶段，国外学者对我国的政策执行问题也较为关注，但鲜有研究我国农村最低生活保障政策执行的。我国学者对西方政策执行研究成果进行了积极引进与吸收，并开始了本土的政策执行研究，其中农村最低生活保障政策执行问题已经得到部分学者的关注。

一、国外研究文献综述

随着西方公共政策研究者对政策执行问题的重视，学术界涌现出一大批这方面的研究文献，较为清晰地呈现出了该领域研究工作的行进路线与学者们观点碰撞。作为与西方国家实行不同政治、经济制度的大国，我国的政策执行问题受到西方学者的极大关注。但由于我国的农村最低生活保障政策始于 2007 年，一方面该政策的实施时间不长，另一方面对该政策的研究，首先要求研究者对我国农村的文化、治理体系有基础性的认识，这对于西方学者而言有一定的困难。笔者认为正是这两方面的原因，西方学者对我国农村最低生活保障政策执行的专门研究非常罕见。

（一）国外研究政策执行的文献综述

一般认为，丹尼尔·拉纳和哈罗德·D. 拉斯韦尔（Daniel Lerner and Haroad D. Lasswell，1951）主编的《政策科学：范围和方法的最近发展》① 一书出版标志着现代政策科学的建立。与政策制定相比，政策执行在很长一段时期都未受到政策科学研究者应有的重视，一度成为政策过程链条中缺失的环节。唐纳德·S. 凡·米特与卡尔·E. 凡·霍恩（Donald S. Van Meter and Carl E. Van Horn，1975）对当时导致这种现象的原因有过较为详细的解释：其一是最关键的政策问题在行政官员、立法者与法官的决定过程中被解决了；其二是作为 20 世纪 60 年代主要分析技术的计划—项目—预算制（Planning Programming Budgeting Systems）关注政策制定者的决策，却排除下级机构的执行责任；其三是任务艰巨，包括有方法论的局限、执行边界复杂、相关行动者难界

① Daniel Lerner and Harold D. Lasswell. The Policy Sciences: Recent Development in the Scope and Method [M]. Standford: Standford University Press, 1951.

定，以及执行研究中的变量难以测量和时间、资源耗费巨大[①]。被政策科学界奉为必读经典文献的《执行》一书在1973年的出版引起了学者们对政策执行研究的关注，随后形成了所谓的“执行运动”（implementation movement），政策执行研究由此进入了快速发展的轨道。

《执行》是杰弗瑞·L. 普瑞斯曼（Jeffry L. Pressman）和艾伦·维达尔夫斯基（Aaron Wildavsky）对奥克兰计划（Oakland Project）深入调查之后的分析报告，认为该计划是因为执行不当导致失败的。挪威卑尔根大学教授哈拉尔德·赛特仁（Harald Saetren，2005）的统计发现，有许多更早期的学者在维达尔夫斯基和普瑞斯曼之前已经在研究政策执行问题，1973年以前有相当数量的书籍、期刊文章与博士学位论文将“执行”（implementation or implementing）作为标题的一部分[②]。但《执行》的出版确实带来了执行研究实质性的兴起。以时间为轴，国外的政策执行研究较为清晰地划分为三个阶段。

第一代执行研究以特定政策在执行中为什么失败为研究重点。正如上文所述，执行研究在当时是缺失的一环，第一代研究的起步基础非常薄弱，所以较为直观地关注政策文本转化成政策目标的程度显然是一个相对容易的切入点。《执行》的出版开启了执行研究，显然也是第一代执行研究的起点。除了维达尔夫斯基和普瑞斯曼，尤金·巴达奇（Eugene Bardach）也是代表性人物，他于1977年出版的《执行博弈》展示了政策执行过程中的不确定与执行是如何被拖延的[③]。第一代研究最大的贡献在于强调执行研究的重要性，引起了学术界对政策研究的关注。但第一代研究的学者们研究的大部分都是政策执行失败的案例，使他们对政策执行感到悲观，对执行的否定性观点成为主流[④]。同

① Donald S. Van Meter and Carl E. Van Horn. The Policy Implementation Process: a Conceptual Framework [J]. Administration and Society, 1975 (4): 445 –488.

② Harald Saetren. Facts and Myths about Research on Public Policy Implementation: Out – of – Fashion, Allegedly Dead, But Still Very Much Alive and Relevant [J]. Policy Studies Journal, 2005 (4): 559 –582.

③ Eugene Bardach. ImplementationGame: What Happens After a Bill Becomes a Law [M]. Cambridge: MIT Press, 1977.

④ ［韩］吴锡泓、金荣枰编著:《政策学的主要理论》，金东日译，复旦大学出版社2005年版，第428页。

时，由于普遍使用个案分析方法，观点缺乏普适性，也没能形成理论框架①。

第二代执行研究以阻碍或促进政策执行的具体变量为分析重点，企图弥补第一代研究的不足，建立有价值的政策执行模型和理论。第二代执行研究的代表性学者包括理查德·F. 埃尔莫尔（Richard F. Elmore）、本尼·霍金（Benny Hjern）与大卫·O. 波特（David O. Porter）等。埃尔莫尔在《回溯推理：执行研究和政策决定》一文中强调，政策制定者不应忽视政策具体执行者（基层官员）的能动性，应该充分利用基层官员的自由裁量权来推进政策执行②。霍金与波特认为，古典组织形态下容易出现孤独组织综合征（lonely organization syndrome），并不能由一个单一的组织领导确保任务的完成③。第二代研究最大的贡献在于指出了政策执行与政策制定截然二分在现实中根本行不通，同时尝试建立了一些分析政策执行过程的模型。然而，因为影响政策执行的变量很多，并没有哪个模型能够获得一致的认可。

第三代执行研究则期望能够以更加科学的方法来捕捉动态的政策执行过程，使构建的执行模型能够接受更加严格的检验。

与上述三个阶段相对应，国外政策研究有自上而下、自下而上以及这两者的整合三种研究途径。自上而下研究途径，顾名思义，就是假定政策是由上级政府制定的，政策制定与政策执行二分，下级政府负责政策执行，自上而下地考察政策的执行以及政策目标的实现。该研究途径关注的焦点实际上是上级政府（即政策的制定者），考察上级政府如何通过上令下行的指挥链条使下级政府（即政策的执行者）有效地执行政策以实现政策目标。除了上文提到的巴达奇的博弈的思想，还有米特与霍恩（1975）在维达尔夫斯基与普瑞斯曼的贡献基础上提出的可以对执行过程进行分析的模型④，丹尼尔·A. 马兹曼安（Daniel A. Mazmanian）与保罗·A. 萨巴蒂尔（Paul A. Sabatier）提出的包含

---

① Donald S. Van Meter and Carl E. Van Horn. The Policy Implementation Process: a Conceptual Framework [J]. Administration and Society, 1975 (4): 445-488.

② Richard F. Elmore. Backward Mapping: Implementation Research and Policy Decisions [J]. Political Science Quarterly, 1979-1980 (4): 601-616.

③ Benny Hjern and David O. Porter. Implementation: A New Unit of Administrative Analysis [J]. Organization Studies, 1981 (2): 211-227.

④ Donald S. Van Meter and Carl E. Van Horn. The Policy Implementation Process: a Conceptual Framework [J]. Administration and Society, 1975 (4): 445-488.

识别“可导致困难”和“可控制因素”的方法论以及向高层决策者提出的关于可以采取控制执行措施的建议[1]是自上而下研究途径的代表。不难发现，自上而下的研究途径适用于分析上级政府制定的，且表述准确、目标明确的政策的执行，尤其适用于中央集权国家政策的执行研究。

自下而上研究途径是对自上而下研究途径的回应。自下而上研究途径没有预先设定的假定，认为政策目标能否实现取决于政策执行者。也就是说，自下而上研究途径强调政策链条中底层执行者是政策执行的基础。迈克尔·利普斯基（Michael Lipsky）是自下而上研究途径的代表性人物，他对他称之为“街层官员”的基层政府官员的行为分析对执行研究产生了重大影响。迈克尔·希尔与彼特·休普（Michael Hill and Peter Hupe，2011）在他们所著的《执行公共政策》中甚至将利普斯基视为自下而上研究途径的创始者来评价[2]。理查德·威瑟利（Richard Weatherley）与利普斯基的《街层官僚与制度创新》(1977)[3]、霍金与波特的《执行：一个新的行政管理分析单元》(1981)[4]都是自下而上研究途径的代表著作。

整合型研究途径主要是期待能够全面吸收自上而下与自下而上研究路径优点，从而构建出更具有解释力的政策执行模型。整合型研究途径强调执行机关之间纵横交织的网络关系与政策执行力的表现。马尔科姆·L. 戈金、安·鲍曼、詹姆斯·莱斯特与劳伦斯·奥图尔（Malcolm L. Goggin，Ann Bowman，James Lester and Laurence O' Toole，1990）在他们合著的《执行理论与实践：迈向第三代》中自信地认为他们是更为系统化的研究途径的开拓者，认为是他们引领政策执行研究进入的第三代[5]。事实上前面提到的学者中有些并没有

---

① ［英］迈克·希尔、［荷］彼特·休普：《执行公共政策》，黄健荣等译，商务印书馆 2011 年版，第 69—70 页。

② ［英］迈克·希尔、［荷］彼特·休普：《执行公共政策》，黄健荣等译，商务印书馆 2011 年版，第 72 页。

③ Richard Weatherley and Michael Lipsky. Street – Level Bureaucrats and Institutional Innovation：Implementing Special – Education Reform［J］. Harvard Educational Review，1977（2）：171 –197.

④ Benny Hjern and David O. Porter. Implementation：A New Unit of Administrative Analysis［J］. Organization Studies，1981（2）：211 –227.

⑤ Malcolm L. Goggin，Ann Bowman，James Lester and Laurence O' Toole. Implementation Theory and Practice：Toward a Third Generation［M］. Glenview：Scott，Foresman，1990.

止步于他们已有的研究观点，他们朝整合的方向也做了努力。如萨巴蒂尔是自上而下的代表性人物，但在其后的研究中，这位学者却在试图综合各种理论，这样的努力较为清晰地体现在他独著的《执行研究的自上而下与自下而上执行途径》[①] 以及与汉克·C. 詹金斯－史密斯（Hank C. Jenkins – Smith）合作编著的《变迁与学习：一种倡议联盟途径》[②] 等作品中。另外，埃尔莫尔本是自下而上研究途径的贡献者，但他也是整合型路径的积极呼吁者。丹尼斯·J. 帕隆博（Dennis J. Palumbo）与多纳尔德·J. 凯里斯特（Donald J. Calista）[③]、罗伯特·P. 斯托克（Robert P. Stocker）[④]、理查德·E. 马特兰德（Richard E. Matland）[⑤]、博·罗斯坦（Bo Rothstein）[⑥] 等都是整合型研究较有影响力的代表性学者。

（二）国外研究中国农村最低保障政策执行的文献综述

国外有一批专注于中国问题的学者对我国政策执行给予了较多的关注，他们有的早年来我国学习或交流，有的与我国大陆学者进行联合研究，有的是在国外大学执教多年的中国人或华裔，他们对我国多个领域政策的执行进行了研究。约翰斯·霍普金斯大学教授大卫·M. 兰普顿（David M. Lampton）是一位不折不扣的"知华派"学者，早在1974年他就在曾发表关于我国"大跃进"时期医疗政策的研究成果，重点考察了当时医疗政策的制定[⑦]。兰普顿（1987）还对后毛泽东时代我国政策执行进行了研究，提出了与当时一般的大

---

① Paul A. Sabatier. Top – down and Bottom – up Approaches to Implementation Research: a Critical Analysis and Suggested Synthesis [J]. Journal of Public Policy, 1986 (1): 21 – 48.

② ［美］保罗 A. 萨巴蒂尔、汉克·C. 詹金斯－史密斯编著：《政策变迁与学习：一个倡议联盟途径》，邓征译，北京大学出版社 2011 年版。

③ Dennis J. Palumbo and Donald J. Calista. Implementation and the Policy Process: Opening Up the Black Box [M]. New York: Greenwood Press. 1990.

④ Robert P. Stocker. Just Institutions Matter. Implementing Federal Policy [M]. Pittsburgh: University of Pittsburgh Press, 1991.

⑤ Richard E. Matland. Synthesizing the Implementation Literature: The ambiguity conflict Model of Policy Implementation [J]. Journal of Public Administration Research and Theory: 1995 (2): 145 – 174.

⑥ Bo Rothstein. Just Institutions Matter. The Moral and Political Logic of the Universal Welfare [M]. Cambridge: Cambridge University Press, 1998.

⑦ 大卫·M. 兰普顿："'大跃进'时期的医疗政策"，张志辉译，《科学文化评论》2006 年第 1 期，第 41—66 页。原载于 The China Quarterly, 1974, 60: 668 – 698。

众观点不同的看法①，其最近作品《跟随领导者：治理中国，从邓小平到习近平》（2014）指出伴随着转型的深入，中国的政策过程与国家治理越来越复杂②。威斯康星大学教授墨宁（Melanie Manion，1991）曾对我国中央废除干部终身制的政策执行进行了分析③。加拿大西安大略大学学者陈仲礼（Alfred L. Chan，2001）对“大跃进”时期我国政策制定与执行进行了研究④。政策在我国农村的执行受到了国外学者较多的关注。加拿大籍学者崔大伟（David Zweig，1985）曾考察政策在我国农村的执行问题⑤，并曾与他人合作具体对污染治理政策在农村的执行中人的因素进行了分析⑥。凯特·E. 斯旺森（Kate E. Swanson，2001）也曾考察了我国环境保护政策在农村地区的执行⑦。乔治·P. 布朗（George P. Brown，1995）考察了我国农村的耕地保护政策执⑧。美国学者欧博文（Kevin J. O'Brien）和华人学者李连江（1999）对我国农村的政策执行使用后来得到了广泛认可的“选择性执行”的分析框架进行了研究⑨。德国学者克里斯蒂安·戈贝尔（Christian Göbel，2011）以税费改革为例⑩，德国图宾根大学学者蒋禄卡·费拉罗和马林·布朗斯（Gianluca Ferraro and Mar-

① David M. Lampton. Policy Implementation in Post – Mao China [M]. Berkeley: University of California Press, 1987

② David M. Lampton. Following the Leader: Ruling China, from Deng Xiaoping to Xi Jinping [M]. Berkeley: University of California Press, 2014.

③ Melanie Manion. Policy Implementation in the People's Republic of China: Authoritative Decisions versus Individual Interests [J]. The Journal of Asian Studies, 1991 (2): 253 – 279.

④ Alfred L. Chan. Mao's Crusade: Politics and Policy Implementation in China's Great Leap Forward [M]. New York: Oxford University Press, 2001.

⑤ David Zweig. Strategies of Policy Implementation: Policy "Winds" and Brigade Accounting in Rural China, 1968 – 1978 [J]. World Politics, 1985 (2): 267 – 293.

⑥ William P. Alford, Robert P. Weller, Leslyn Hall, et al. The Human Dimensions of Pollution Policy Implementation: Air Quality in Rural China [J]. Journal of Contemporary China, 2002 (32): 459 – 513.

⑦ Kate E. Swanson, Richard G. Kuhn, Wei Xu: Environmental Policy Implementation in Rural China: A Case Study of Yuhang, Zhejiang [J]. Environmental Management, 2001 (4): 481 – 491.

⑧ George P. Brown. Arable Land Loss in Rural China: Policy and Implementation in Jiangsu Province [J]. Asian Survey, 1995 (10): 922 – 940.

⑨ Kevin J. O'Brien, Lianjiang Li. Selective Policy Implementation in Rural China [J]. Comparative Politics, 1999 (2): 167 – 186.

⑩ Christian Göbel. Uneven Policy Implementation in Rural China [J]. The China Journal, 2011, 65: 53 – 76.

leen Brans, 2011）以农村税费改革为例[①]，阐述中央政策在农村是如何执行的。

社会救助政策执行，如瞄准精度是一个富有挑战性的全球性问题（Walker, 2005）[②]。根据李棉管（2017）的研究述评，在国际上，社会政策学者一般将前者称之为排斥性偏差（Exclusion Error）、水平瞄准偏差（Horizontal Targeting Error）或F型偏差（Fail to Reach The Prime Objective）；将后者称之为漏出偏差（Leakage）、内含性偏差（Inclusion Error）、垂直瞄准偏差（Vertical Targeting Error）或E型偏差（Excessive Coverage）[③]。但是国外文献中，研究我国最低生活保障政策执行的十分罕见，而且其中绝大部分是中国国内学者的研究成果。美国加州大学欧文分校教授多萝西·J.索琳格（Dorothy J. Solinger, 2012）分析了我国的城市最低生活保障政策执行中两种不同的执行模式，认为财政状况较好的城市倾向于取缔街头商贩，给予救助金，让他们待在家里；财政状况不好的城市似乎允许这部分人出去工作，希望他们能更好地养活自己因此而节省财政开支[④]。王美艳（2007）分析认为，城市最低生活保障有助于降低贫困率但作用有限，政府应该改进低保的瞄准机制[⑤]。张浩淼（2009）认为我国最低生活保障的产生与发展考虑了较多的政治因素[⑥]。雷杰（2014）以广州市为例，通过访谈当地的穷人与基层官员，对我国城市最低生活保障"应保尽保"的执行情况进行了分析[⑦]。

---

① Gunter Schubert, Anna L. Ahlers. "Constructing a New Socialist Countryside" and Beyond: An Analytical Framework for Studying Policy Implementation and Political Stability in Contemporary China [J]. Journal of Chinese Political Science, 2011 (1): 19-46.

② Walker, R.. Social Security and Welfare: Concepts and Comparisons [M], Maindenhead: Open University Press, 2005: 200.

③ 李棉管："技术难题、政治过程与文化结果——'瞄准偏差'的三种研究视角及对中国'精准扶贫'的启示"，《社会学研究》2017年第1期，第217—241，246页。

④ Dorothy J. Solinger, Yiyang Hu. Welfare, Wealth and Poverty in Urban China: The Dibao and Its Differential Disbursement [J]. The China Quarterly, 2012, 211: 741-764.

⑤ Meiyan Wang. Emerging Urban Poverty and Effects of the "Dibao" Program on Alleviating Poverty in China [J]. China and World Economy, 2007 (2): 74-88.

⑥ Zhang Haomiao. Poverty and Politics: The Evolution of Minimum Living Standard Guarantee System in China in the Period of Transition [J]. Asia Pacific Journal of Social Work and Development, 2009 (2): 5-20.

⑦ Jie Lei. Covering Whoever is Eligible? An Exploratory Study on Eligibility of the Urban Minimum Living Standard Guarantee in China [J]. Critical Social Policy, 2014 (2): 155-174.

二、国内研究文献综述

政策执行研究随西方政策科学一并传入了我国，但实际工作者对这方面的研究早已有之。国内研究文献主要集中在对国外政策执行理论的追踪与介绍、对本土政策执行经验的发掘与继承、对国内政策执行现状的探讨与分析三方面。国内学者对农村最低生活保障政策执行的关注较多，但规范的研究较少。

（一）国内研究政策执行的文献综述

一般认为，西方政策科学是20世纪70年代末80年代初传入我国[①]。20世纪80年代已经有一些政策执行方面专著、论文、译著问世，如张尚仁的专著《当代社会的新课题——认识论与决策科学》出版于1985年[②]；刘斌（1989）的《论政策执行的基本原则》一文提出政策执行应该坚持坚定性、创造性与整体性三个原则[③]；查尔斯·E. 林德布洛姆（Charles E. Lindblom）的*The Policy - making Process*一书第一版（1968年）被翻译为《决策过程》[④]，第二版（1980年）被翻译为《政策制定过程》[⑤] 同时在1988年出版。这一时期，我国台湾地区也有学者关注这一领域，如台湾学者林水波、张世贤合编的《公共政策》第一版于1982年出版了[⑥]。事实上我国对政策执行的研究可以向前推进一些，如肖远烈早在1961年就曾结合毛泽东的政策执行思想强调政策执行中要弄清政策的界限，即“政策的内容所确定的许可做的事情和不许可做的事情”[⑦]。国内研究政策执行的文献可以分为以下几大类。

一是对国外政策执行理论的追踪与介绍。一方面，学术界大量引进国外政策科学的优秀专著、教材，如陈振明与张成福主编、中国人民大学出版社出版的《公共政策经典译丛》，张国庆主编、北京大学出版社出版的《美国公共政

---

① 陈振明：“21世纪中国政策科学的研究方向”，《北京行政学院学报》，2000年第1期，第9—10页。

② 张尚仁著：《当代社会的新课题——认识论与决策科学》，云南人民出版社1985年版。

③ 刘斌：“论政策执行的基本原则”，《理论探讨》1989年第5期，第54—57页。

④ ［美］查尔斯·林德布洛姆：《决策过程》，竺乾威、胡君芳译，上海译文出版社1988年版。

⑤ ［美］查尔斯·E. 林布隆：《政策制定过程》，朱国斌译，华夏出版社1988年版。

⑥ 林水波、张世贤编：《公共政策》，台湾五南图书出版公司1982年版。

⑦ 肖远烈：“执行党的政策，要注意弄清政策的界限——学习毛泽东思想的一点体会”，《前线》1961年第7期，第3—7页。

策经典译丛》，甚至有部分经典教材既有汉译版也有英文原版的出版。但大部分论著中“政策执行”仅是其中的部分章节而已，像希尔和休普的《执行公共政策》专门讨论政策执行的极少。另一方面，学者们编写了一批政策科学的教材，其中都安排了专门章节介绍“政策执行”，认可度较高的有陈庆云的《公共政策分析》、陈振明的《公共政策学》、张金马的《政策科学导论》等。还有一批跟踪国外政策执行理论发展的学术论文。景跃进在1996年发表《政策执行的研究取向及其争论》一文，对当时争议较大的自上而下与自下而上两种研究路径进行了全面而深入地对比分析，认为两者是互补的关系，“我们需要的与其说是在两种分析方法中排他性地选择其中一种，然后运用单一的方法分析所有的政策过程；不如说是怎样根据不同的情形，选择恰当的分析方法”①。随着政策执行理论的继续发展，创生了整合型研究路径及一些理论模型，曹堂哲（2005）对此做了及时的跟踪与介绍②。丁煌、定捷明（2010）也对20世纪70年代以来国外政策执行研究的脉络及进展进行了梳理与归纳③。

二是对国内政策执行已有经验的发掘与继承。随着国外执行研究的传入，国内开始着手发掘已有的政策执行经验，主要是梳理与归纳党和国家卓越领导人的政策执行思想。除了上文提到的肖远烈、毛劲歌等（2009）也对毛泽东的政策执行思想进行了研究，认为毛泽东政策执行的价值取向是实现人民群众的根本利益，执行的决定性因素是干部，执行的路径是“从群众中来，到群众中去”④。刘雪明（2014）对周恩来的政策执行理念、执行策略、执行方式与执行过程进行了梳理与介绍⑤，还系统研究了邓小平的政策执行思想⑥。郭渐强（1998）则专门对邓小平政策思想中的执行要高度重视、遵守纪律的最

---

① 景跃进的《政策执行的研究取向及其争论》一文原载于《中国社会科学季刊》（香港）1996年春季卷（总第14期），作者后将其收入专著《政治空间的转换：制度变迁与技术操作》，中国社会科学出版社2004年版，第128—162页。

② 曹堂哲：“执行研究三十年回顾——缘起、线索、途径和模型”，《云南行政学院学报》2005年第3期，第48—52页。

③ 丁煌、定明捷：“国外政策执行理论前沿评述”，《公共行政评论》2010年第1期，第119—148，205页。

④ 毛劲歌等：“毛泽东政策执行思想对提高政府执行力的启示”，《当代世界与社会主义》2009年第3期，第42—45页。

⑤ 刘雪明：“论周恩来的政策执行思想”，《云南行政学院学报》2014年第5期，第48—50页。

⑥ 刘雪明：《邓小平政策思想研究》，广东教育出版社2004年版。

高标准是坚决执行党和国家的政策、政策的有效执行关键在于执行者、正确处理集权与分权以及全局与局部的关系的政策执行思想进行了总结[①]。粟多树（2009）也关注了邓小平的政策执行思想[②]。胡象明（2001）对刘少奇不折不扣地执行政策的原则性与因地制宜地执行政策的灵活性进行了阐述，提出刘少奇的政策执行思想对治理“上有政策下有对策”现象有现实意义[③]。刘雪明、刘东文（2009）对陈云注重政策执行的原则性、灵活性与创造性，要求在政策执行过程中做到进行试点、总结经验与逐步推广三个步骤，强调各级领导干部在政策执行中的作用的政策执行思想进行了总结[④]。张芬、王晓荣（2014）从习仲勋在西北地区执行中央土改政策入手，将习仲勋的政策执行思想归纳为政策的原则性与灵活性相结合、严格遵循依靠群众与教育群众的执行路线以及高度重视干部教育[⑤]。此外，谷牧[⑥]、江泽民[⑦]的政策执行思想也受到了学者的关注。

三是对国内政策执行现状的探讨与分析。随着国内政策执行研究的兴起，关于本土政策执行方面的研究文献可谓是汗牛充栋，在此从三个方面做简要介绍，一是从总体上分析我国的政策执行中存在的问题及完善对策。王汉生等（1997，2011）[⑧] 较早关注了执行偏差，他们使用“变通”一词来描述这种现

① 郭渐强：“邓小平政策执行思想探析”，《湖湘论坛》1998 年第 4 期，第 19—21 页。

② 粟多树：“邓小平的政策执行思想探析”，《前沿》2009 年第 4 期，第 8—12 页。

③ 胡象明：“论刘少奇的政策执行思想及其现实意义”，《中国行政管理》2001 年第 9 期，第 49—51 页。

④ 刘雪明、刘东文：“陈云的政策执行思想探析”，《中国行政管理》2005 年第 9 期，第 7—10 页。

⑤ 张芬、王晓荣：“从西北土地改革看习仲勋的政策执行思想”，《兰州学刊》2014 年第 2 期，第 30—34 页。

⑥ 李倩：“从推动对外开放探析谷牧的政策执行思想”，《兰台世界》2014 年第 34 期，第 23—24 页。

⑦ 何辉：“浅析江泽民的政策执行思想”，《理论导报》2014 年第 8 期，第 25—27 页。

⑧ 王汉生、刘世定、孙立平：“作为制度运作和制度变迁方式的变通”，载应星、周飞亚、渠敬东编《中国社会学文选（下册）》，中国人民大学出版社 2011 年版，第 554—583 页。该文原载于《中国社会科学季刊》（香港）1997 年冬季卷（总第 21 期）。

象，而后丁煌（2002）[①]、金太军等（2005）[②]、周国雄（2008）[③]、王国红（2011）[④] 从不同角度对这一现象的成因进行了分析，并提出治理的政策建议。二是专门研究具体政策执行。这方面的研究选取的政策涉及各个领域，且不断细化。以教育政策为例，胡春梅（2008）、王智超（2011）[⑤]、邓凡（2013）[⑥] 研究教育总体政策的执行，张强等人（2004）[⑦]、何杰等（2014）[⑧] 专门研究农村义务教育政策的执行，周佳（2007）[⑨] 专门研究进城务工子女义务教育政策的执行。三是总结、提炼本土的政策执行特点、经验。学者们越来越注重在借鉴西方政策执行理论的基础上，结合本土政策执行实践，总结本土政策执行的特点，提炼具有一定适应力的本土政策执行经验。这方面近几年有些高质量的研究成果，如贺东航、孔繁斌（2011）在以集体林权制度改革的执行为例，总结出“高位推动—层级性治理—多属性治理”的政策执行经验[⑩]；李瑞昌（2012）以“地沟油”整治与餐厨废弃物管理政策的实施为例，总结出我国政策执行普遍存在“政策空传”的现象[⑪]；陈家建等（2013）以妇女小额贷款项目在四川省的执行为例，总结出在高度分化的科层结构中执行政策，政策与科层组织容易产生摩擦从而导致政策被选择性、变通性地执行，最终导致政策执行违背政策设计初衷，达不到预期的政策效果[⑫]。值得一提的是，政策执行也

---

① 丁煌：《政策执行阻滞机制及其防治对策》，人民出版社 2002 年版。

② 金太军等：《公共政策执行梗阻与消解》，广东人民出版社 2005 年版。

③ 周国雄：《博弈：公共政策执行力与利益主体》，华东师范大学出版社 2008 年版。

④ 王国红：《政策规避与政策创新：地方政府政策执行中的问题与对策》，中共中央党校出版社 2011 年版。

⑤ 王智超：《教育政策执行的滞后问题》，东北师范大学出版社 2011 年版。

⑥ 邓凡：《关系、结构与利益表达：教育政策执行的网络模式》，云南大学出版社 2013 年版。

⑦ 张强等：《农村义务教育：税费改革下的政策执行》，北中国社会科学出版社 2004 年版。

⑧ 何杰等：《新世纪支持农村义务教育发展的政策执行考察——以江苏省 L 县为例》，中国社会科学出版社 2014 年版。

⑨ 周佳：《教育政策执行研究：以进城就业农民子女义务教育政策执行为例》，教育科学出版社 2007 年版。

⑩ 贺东航、孔繁斌：“公共政策执行的中国经验”，《中国社会科学》2011 年第 5 期，第 61—79，220—221 页。

⑪ 李瑞昌：“中国公共政策实施中的‘政策空传’现象研究”，《公共政策评论》2012 年第 3 期，第 59—85，180 页。

⑫ 陈家建、边慧敏、邓湘树：“科层结构与政策执行”，《社会学研究》2013 年第 6 期，第 1—20，242 页。

开始得到了政界的重视，如中国人民银行货币政策分析小组定期出版以季度为单位的《中国货币政策执行报告》。

（二）国内研究我国农村最低保障政策执行的文献综述

从政策执行的角度研究农村最低生活保障政策的文献并不多，但不自觉地涉及农村最低生活保障政策执行的文献还是有不少的，简要介绍如下。

关于导致农村最低生活保障政策执行发生偏差主要的原因。刘燕舞（2008）①、刘涛（2008）② 认为，实践中的农村最低生活保障成为乡村治理手段。这一观点也在其他学者的研究或田野调查中得到验证，如朱勋克（2010）认为，决策路径上的失范与执行路径上的失范导致了村最低生活保障对象确认的偏差，地方治理的现实需要是导致失范发生的重要原因③。韦璞（2013）认为，农村最低生活保障对象瞄偏的重要因素是“村庄社会团结”，村民能够获得保障资格与其经济收入状况关联关系较弱④。印子（2014）将农村最低生活保障政策实践偏差细分为“基础性偏差”与“执行性偏差”，前者与政策执行的社会基础相关，后者是指政策执行理论范畴内的由政策执行行为所导致的偏差⑤。陈治东（2011）⑥、何植民（2013）⑦ 认为，农民参与不足是导致农村最低生活保障政策执行发生偏差的重要原因。

关于完善农村最低生活保障政策执行的政策建议。分析农村最低生活保障政策执行中存在的问题的同时，学者们也提出了相应的对曾建议。除了常见的政策建议如加大资金投入、加强工作人员队伍建设、强化监督工作等外，朱勋

① 刘燕舞：“作为乡村治理手段的低保”，《华中科技大学学报（社会科学版）》2008 年第 1 期，第 117—120 页。

② 刘涛：“农村低保不能成为乡村治理手段”，《中国老区建设》2008 年第 7 期，第 27—28 页。

③ 朱勋克：“公共政策失范及其政策管理研究——以农村最低生活保障对象的规定为例”，《理论与改革》2010 年第 6 期，第 67—70 页。

④ 韦璞：“村庄特征与农村低保瞄准偏误的实证研究——基于场域理论视角的探析”，《理论月刊》2013 年第 10 期，第 157—162 页。

⑤ 印子：“低保政策实践偏差形成变量的两种类型——兼评公共政策执行‘农民参与’理论”，《中共宁波市委党校学报》2014 年第 1 期，第 67—74 页。

⑥ 陈治东：“公民参与下视角下的农村最低生活保障制度研究——以河南省商丘市为表述对象”，华中师范大学 2011 年。

⑦ 何植民：“农村最低生活保障政策有效执行的影响因素分及对策分析”，《江西财经大学学报》2013 年第 2 期，第 46—53 页。

克（2010）认为应该建立“规范性文件备案审查制度”，以此来保障政策规范从上到下的传递中达到一致①。其中分歧最为严重的是到底是依靠村委会还是依靠政府来执行最低生活保障政策。耿羽（2012）提出通过村民自治来分配低保资源②；王晓莉与刘永功（2009）③、陈治东（2011）④、何植民（2013）⑤的主张较为类似，认为应该通过村民参与来促进低保政策的执行；但韦璞（2013）指出当村民生活面向村外时，村民不会关心村庄，村干部也无法从履职中获得文化价值上的满足⑥；印子（2014）也认为通过村民参与来缩小政策执行偏差的方案并不可行⑦。解垩（2016）提出提高农村最低生活保障政策效果，不能仅是提高保障水平或补差水平，降低漏损率是首要考虑的因素之一⑧。随着社会工作的快速发展，也有学者在积极呼吁通过专业组织，尤其社会工作组织来执行低保政策⑨⑩，一些文献对此也进行了具体探讨，如解瑞华（2013）的《农村最低生活保障政策实施过程中社会工作作介入研究》⑪、董毅等（2010）的《社会工作人才介入农村最低生活保障的 SWOT 分析》⑫。

从具体的研究层次来看，多数是对某个村庄开展田野调查，考察农村最低

① 朱勋克：“公共政策失范及其政策管理研究——以农村最低生活保障对象的规定为例”，《理论与改革》2010 年第 6 期，第 67—70 页。

② 耿羽：“错位分配：当前农村低保的实践状况”，《人口与发展》2012 年第 1 期，第 68—73 页。

③ 王晓莉、刘永功：“农村低保制度建设中的参与和赋权：贵州省 K 乡的案例研究”，《贵州农业科学》2009 年第 3 期，第 187—190 页。

④ 陈治东：《公民参与下视角下的农村最低生活保障制度研究——以河南省商丘市为表述对象》，华中师范大学，2011 年。

⑤ 何植民：“农村最低生活保障政策有效执行的影响因素分及对策分析”，《江西财经大学学报》2013 年第 2 期，第 46—53 页。

⑥ 韦璞：“村庄特征与农村低保瞄准偏误的实证研究——基于场域理论视角的探析”，《理论月刊》2013 年第 10 期，第 157—162 页。

⑦ 印子：“低保政策实践偏差形成变量的两种类型——兼评公共政策执行‘农民参与’理论”，《中共宁波市委党校学报》2014 年第 1 期，第 67—74 页。

⑧ 解垩：“中国农村最低生活保障：瞄准效率及消费效应”，《经济管理》2016 年第 9 期，第 173—185 页。

⑨ 唐钧：“低保‘误差’及解决思路”，《中国社会报》2013 年 4 月 3 日第 5 版。

⑩ 唐钧：“‘十一五’以来社会救助发展的回顾及展望”，《社会科学》2012 年第 6 期，第 65—76 页。

⑪ 解瑞华：《农村低保政策实施过程中社会工作介入研究——以内蒙古和林格尔县前坝村为例》，内蒙古农业大学，2013 年。

⑫ 董毅、刘同芗、郭健美：“社会工作人才介入农村低保工作的 SWOT 分析”，《农业科技管理》2010 年第 4 期，第 90—92 页。

生活保障政策在行政村的执行情况，如袁松（2009）①、李芳（2012）②、陈杨剑（2012）③、李宽（2012）④、梁晨（2013）⑤、苗朝妍（2013）⑥、万丹（2014）⑦、姚春蕊（2014）⑧ 等。也有以某个乡（镇）作为调查对象的，如郭亮（2009）⑨、丁元刚（2011）、⑩ 印子（2014）⑪ 等。贾琳（2011）⑫、蒋威（2013）⑬、许广玉（2013）⑭ 都选取一个县作为考察对象来分析农村最低生活保障政策执行。亦有一些文献采取了对比分析。刘培伟（2014）选取山东某村，对比考察了同一政策执行主体（村干部）在同一时期同一地点对最低生活保障政策与新型农村合作医疗政策的执行，发现政策设计与村民利益越兼容、政策越明晰，村民的政策实施监督意愿和能力越强，因而政策被村干部重新界定而扭曲执行的可能性越小⑮。吴管鹏（2014）以政策演进的时间过程为轴，对比分析了贵州某村不同阶段农村最低生活保障对象的确定，发现在政策试行阶段采取自下而上的方式确定保障对象，实现了“应保才保”，而后保障

---

① 袁松：“基层组织的信息垄断与低保制度在村庄场域的实践——以税改后的鄂中顾村为个案”，《天津行政学院学报》2009 年第 5 期，第 50—55 页。

② 李芳：《农村最低生活保障制度的微观运作》，华东理工大学，2012 年。

③ 陈杨剑：《岳阳市农村“低保”政策执行偏差原因分析及对策调查研究》，中南大学，2012 年。

④ 李宽：“规范失序与价值解体：村庄语境下农村低保研究——以鄂东北 S 村为例”，《晋阳学刊》2012 年第 3 期，第 48—53 页。

⑤ 梁晨：“农村低保政策的基层实践逻辑——以武陵山区某村为例”，《贵州社会科学》2013 年第 10 期，第 67—71 页。

⑥ 苗朝妍：《关于河南省农村低保问题的调研报告——以长坦县某村为例》，安徽大学，2013 年。

⑦ 万丹：《农村低保政策的实践逻辑——以广东省石台村为个案》，华中师范大学，2014 年。

⑧ 姚春蕊：《农村低保政策执行逻辑——以甘肃省红村为例》，兰州大学，2014 年。

⑨ 郭亮：“从‘救济’到‘治理手段’——当前农村低保政策的实践分析：以河南 F 县 C 镇为例”，《中共宁波市委党校学报》2009 年第 6 期，第 57—61 页。

⑩ 丁元刚：《乡镇政府在促进农村最低生活保障制度实施汇总的职责——以吉林省抚松县兴参镇为例》，吉林大学，2011 年。

⑪ 印子：“治理消解行政：对国家政策执行偏差的一种解释”，《南京农业大学学报（社会科学版）》2014 年第 3 期，第 80—91 页。

⑫ 贾琳：《现阶段农村最低生活保障制度的实施机制研究——以 G 县为例》，南京师范大学，2011 年。

⑬ 蒋威：《县级政府农村低保制度实施现状及对策研究》，湘潭大学，2013 年。

⑭ 许广玉：《县级农村低保制度建设问题研究——以山东省阳谷县为例》，燕山大学，2013 年。

⑮ 刘培伟：“政策设计对执行行为的影响——基于 B 县 W 村干部对低保和新农合政策执行的比较”，《贵州社会科学》2014 年第 8 期，第 101—106 页。

对象指标采取自上而下地分配，其中全面建立阶段采取“应保才保”与“乱得乱保”并行，名额进一步增多阶段“固定保”“轮流保”与“不用保”共存①。

综上，政策科学起源于20世纪的50年代的美国，政策过程中被长期忽略的政策执行研究自20世纪70年代后得到了快速发展。我国的政策执行问题引起了国外学者浓厚的研究兴趣，其中农村的政策执行是他们关注的一个重要的领域。但是关于我国最低生活保障政策执行方面的外文文献稀少，多为国内学者在国外发表，而且农村最低生活保障政策方面文献处于空白。一般认为政策执行研究随着政策科学一起在20世纪70年代末80年代初传入我国，当前我国已经较好地消化、吸收了国外的政策执行理论，并注重挖掘与继承本土的政策执行经验，开始积极研究本土政策执行过程中的问题并提出相应的对策建议以期促进我国的政策执行达到应有的政策效果。研究我国农村最低生活保障政策的国内文献较多，但质量参差不齐，且基于政策执行视角的较为规范的研究较少。现有的这方面文献多数是从村级层面进行的微观考察，忽略了农村最低生活保障政策自上而下执行过程中上下级执行主体之间的关系，使得分析不够全面、深入。

① 吴管鹏：《农村低保分配演变过程及其启示——以贵州省龙坉村为个案》，华中师范大学，2014年。

第二章

基本概念、基本理论与研究方法

绪论介绍了本书研究的缘起、背景与目的，梳理了国内外关于政策执行和我国农村最低生活保障政策方面的文献，从而明确了本书研究的学术意义及大致的研究思路。本章将首先对政策、政策执行与农村最低生活保障政策执行等基本概念进行阐述，同时介绍拟采用的基础理论，并对拟采用的研究方法及其可行性加以论证，完成研究工作正式展开的前期工作。

第一节　基本概念

一、政策、公共政策与社会政策

“政策”是我国使用频率极高的词汇，以至于到了让人们产生混沌的程度。“政策”与“公共政策”最简单的区分在于政策制定主体不同，“公共政策”与“社会政策”最直观的区分在于作用的领域不同，但这样的区分显然过于肤浅。在此对这组概念的辨析如下。

（一）政策

有学者从语义学上分析认为，古代汉语的“政”和“策”是单独使用的，前者通常是指“政权”“政事”；后者通常是指“计策”“策划”①。还有学者考证认为现代汉语中的“政策”一次是源于日本的外来语，明治维新以后的

① 陈庆云主编：《公共政策分析》，北京大学出版社 2006 年版，第 2 页。

日本将英文“policy”用“政”和“策”合在一起意译为“政策”[①]。不管怎样，“政策”一词频繁出现在人们的日常生活与政府部门的文件、政府官员的讲话中，以至于让人们对它的理解产生了混沌。

《辞海》对“政策”的定义是“国家、政党为实现一定历史时期的路线和任务而规定的行动准则”[②]。该定义包含着至少三个核心内容：政策的制定主体是国家与政党；政策的制定目的是实现路线与任务；政策的表现形式是行动准则。但事实上所有的组织都是按照特定的目标编织起来的，都可以为了实现目标而制定与实施政策，只不过国家、政党制定的政策影响范围最广、程度最深。组织目标指导政策的制定，政策是实现组织目标的具体行动，因此政策除了具有明确的目的性，还应具有明确的行动内容，即组织为了实现特定目标还应投入必要的资源以实施相应的具体行动。关信平（2009）主编的《社会政策概论（第二版）》中对“政策”给出了全面、准确的定义，“政策是指政府、政党或其他组织为实现其目标而制定的各种规则和采取的各种行动的总和”[③]。

政策本身是规则体系与相应的行动体系的结合体，笔者认为这是造成人们对“政策”既熟悉又模糊的重要原因。“作为一套规则体系，它表现为各种法律、条例、规定等；而作为实施或参与的具体活动，它又表现为各类组织为完成各项任务而制定的各种计划、方案、措施和各种具体的活动项目，以及在此过程中所投入的人力和经费等。”[④]。正是丰富的表现形式，这让人们产生了“政策”的范畴混沌不清的认识，“它是一系列谋略、法令、措施、办法、方法、条例等的总称”[⑤]，甚至还包括“政府首脑的书面或口头声明和指示”[⑥]。

在此有必要对“政策”与“制度”的关系做一个简要的辨析。广义的“制度”是指在一定历史条件下形成的政治、经济、文化等方面的体系，因此，它是客观的、既定的。从这个意义上讲，政策通常是特定组织在既定的制度环境下制定与实施的。狭义的“制度”是指要求社会或组织成员遵守的规

---

① 刘雪明：《政策运行过程研究》，江西人民出版社 2005 年版，第 2 页。
② 夏征农、陈至立：《辞海（第六版）》（缩印本），上海辞书出版社 2010 年版，第 2434 页。
③ 关信平：《社会政策概论》，高等教育出版社 2009 年版，第 5 页。
④ 关信平：《社会政策概论》，高等教育出版社 2009 年版，第 4 页。
⑤ 陈振明：《政策科学》，中国人民大学出版社 1998 年版，第 59 页。
⑥ 张金马：《政策科学导论》，中国人民大学出版社 1992 年版，第 20 页。

程或准则。从这个意义上讲，制度与政策有一定的重合性，都可以是一种行为规则。此外，制度可以分为正式制度与非正式制度。正式制度与政策相同，都是由特定组织有目的地制定并实施的；非正式制度则通常是不成文的，自发或自然形成的，如风俗习惯、理想信念等。笔者认为，国家、政党或其他组织为实现特定目标而制定并实施的正式制度也可以称之为政策。

（二）公共政策

拉纳和拉斯韦尔（1951）主编的《政策科学：范围和方法的最近发展》出版标志着现代政策科学的建立，按照拉斯韦尔的观点，政策科学所关注的政策即是公共政策，这样也就不难理解很多学者定义的“政策”实际上就是“公共政策”。但对于公共政策的定义，学者们众说纷纭，各有侧重，以至于有人对此评价道“公共政策作为一种理解政治变化的途径，其定义几乎与存在的公共问题一样多”①。但通过梳理仍然可以提炼出公共政策显著的特征：

首先，公共政策具有公共性。日本学者药师寺泰藏（1991）在其《公共政策》一书的序章中提到“‘公共政策’的意思与其字面意思相同，即为‘公共’而制定的‘政策’”②。我国学者陈庆云（2006）简明扼要地提到“从理论上讲，凡事为解决社会公共事务中的各种问题所制定的政策，都是公共政策”③。这就是说公共政策针对的是涉及广大社会成员利益的公共事务，而不是政策制定主体的内部事务。因此，公共政策的政策过程也便具有了公共性，即政策的制定、执行等都需要公众的参与。

其次，公共政策具有权威性。一是制定主体的权威性。公共政策不同于其他政策之处在于它的制定主体，一般的组织制定的政策并不能称之为公共政策，或者一般的组织并无能制定公共政策，“公共政策是由政府机构或政府官员制定的政策”（詹姆斯·E. 安德森，1990）④。我国学者丁煌（2002）在其早年的专著《政策执行阻滞机制及其防治对策》中写到“政策是政府或社会

① ［美］拉雷·N. 格斯顿：《公共政策的制定——程序和原理》，朱子文译，重庆出版社 2001 年版，第 3 页。

② ［日］药师寺泰藏：《公共政策》，张丹译，经济日报出版社 1991 年版，第 2 页。

③ 陈庆云主编：《公共政策分析》，北京大学出版社 2006 年版，第 2 页。

④ ［美］詹姆斯·E. 安德森：《公共决策》，唐亮译，华夏出版社 1990 年版，第 4 页。

公共权威在一定历史时期，为达到一定的目标，经过一定的合法程序而制定的行动方案和行为依据”①。二是政策效力的权威性。公共政策效力的权威性来源于制定主体的权威性，政府可以使用国家机器保障政策的执行，在政策主体的管辖范围内的所有成员与组织必须遵行政策。因此，威尔逊基于政治—行政二分原则认为，“政策是由政治家即具有立法权者制定的而由行政人员执行的法律和规则”②。

再次，公共政策具有选择性。美国学者托马斯·R. 戴伊（Thomas R. Dye，2002）在其所著的《理解公共政策》一书中认为，“公共政策是政府选择要做的或不做的事情”③。这一观点得到了我国台湾学者林水波、张世贤（2008）的推崇与认可，他们认为公共政策必须包含所有的政府活动，政府的不作为行为也是公共政策的一种，即“公共政策乃政府选择作为或不作为的行为”④。这就是说，公共政策的背后蕴含着政策主体对潜在政策行动价值优先性的判断，一方面是需要应对的公共事务通常不止一项，另一方面能够投入的政策资源有限，因此，政策主体只能基于客观事实，再对各方利益加以权衡，最终选择其中一部分事务加以重点或优先解决。不难发现，这种选择的背后是一种价值判断。

最后，公共政策具有利益相关性。公共政策就其本质内容而言是对社会利益的分配加以规定使其合理化。美籍学者戴维·伊斯顿（David Easton，1993）在其代表作《政治系统》中明确指出，公共政策是“对一个社会进行的权威性价值分配”，即“一项政策的实质在于通过那项政策不让一部分人享受某些东西而允许另一部占有它们”⑤。但是，如前面对“政策”概念的阐述中所言，“政策”不仅是行动体系，同时还是规则体系，因此，公共政策不仅仅是利益的分配活动，它的分配方案对社会群体还有导向、约束与协调功能。正如芬兰

① 丁煌：《政策执行阻滞机制及其防治对策》，人民出版社2002年版，第14页。

② 钱再见：《现代公共政策学》，南京师范大学出版社2007年版，第2页。

③ Thomas R. Dye. Understanding Public Policy（10th ed.）［M］. Englewood Cliffs：Prentice Hall，2002：1.

④ 林水波、张世贤：《公共政策》，台湾五南图书出版股份有限公司2008年版，第7—8页。

⑤［美］戴维·伊斯顿：《政治体系——政治学状况研究》，马清槐译，商务印书馆1993年版，第122—123页。

学者古斯塔夫松（Sverker Gustavsson，1980）所说的，“政策是政府与公民之间的一种关系，正是基于这种关系，政府得以诱导公民按照某种方式行动，否则公民其实是不会如此行动的”[①]。在利益的驱动下，社会成员会对特定的公共政策采取不同的行动。正是因为社会中存在群体之间的利益分化，导致公共政策总是试图在各个利益群体之间达到某种平衡或妥协状态。“无论怎么说，政策与利益的相关性都可以算得上是政策重要特征之一。”[②]

结合前文对“政策”的界定，本书认为，“公共政策是政府或公共权威机构为有效地处理特定的社会公共事务而制定的规则体系和行动方案，实质是对社会利益的再分配”。我们可以使用不同的标准对公共政策进行分类：按政策的发生效力范围不同，可以分为全国性政策与地方性政策；按政策空间层次的不同，可以分为总政策、基本政策与具体政策；按发生作用的领域不同，可以分为政治政策、经济政策、社会政策与文化政策；按政策对社会与人们之间关系影响的不同，可以分为分配性政策、调节性政策、自我调节性政策与再分配政策[③]。

（三）社会政策

李秉勤、贡森在他们主编的《社会政策译丛》[④] 中的出版说明中提到社会政策的概念一般有三个含义：①政府用于福利和社会保护的政策，特别是有关教育、医疗卫生、社会保障和住房的政策；②福利在一个社会中发展的方式，其含义比①更为广泛，大大超出了政府行为的范畴，包括福利的提出、形成和发展在内的诸多社会及经济条件；③针对上述主题的学术研究。英国肯特大学的约翰·鲍多克等（John Baldock et al，2012）主编的《社会政策》（第四版）中认为“社会政策”一词通常有两种可能的意思，“除了指社会政策学科，更

---

① Sverker Gustavsson：Types of Policy and Types of Politics［J］. Scandinavian Political Studies，1980（2）：123—142.

② 丁煌：《政策执行阻滞机制及其防治对策》，人民出版社 2002 年版，第 16 页。

③ 钱再见主编的《公共政策新编》对公共政策的分类有较为全面的介绍。钱再见：《公共政策学新编》，华东师范大学出版社 2006 年版，第 9—13 页。

④ 《社会政策译丛》由李秉勤与贡森主编、商务出版社出版，目前已经出版了《英国社会政策论文集》（2003）、《理解社会政策》（2003）、《社会福利国家面临的挑战》（2004）、《福利制度的新政治学》（2004）、《社会问题经济学》（2004）、《人的需要理论》（2008）、《福利资本主义的三个世界》（2010）与《全球社会政策》（2013）共 8 本。

重要的是指社会政策本身，即政府的具有广泛社会性质的干预与活动”①。但本书中的“社会政策”仅是指政策本身，即上文分析中提到的作用于社会领域的公共政策。

英国学者迈克尔·希尔（Michael Hill，2003）认为，社会政策可以定义为“影响福利的政策行为”，他特别强调虽然非国家机构也可以有“政策”，但“社会政策”这个一般性的表达主要用来界定与公民福利有关的国家所起的作用，简而言之，社会政策是“影响公共福利的国家行为”②。陈振明主编的《公共政策分析》认为，“社会政策是指政府用来处理狭义的社会问题所采取的行动或行为规范，它以社会问题为对象，目的是解决社会问题，提高人民生活，增进社会利益，谋求社会秩序平衡发展”③。关信平（2009）也认为社会政策中的“社会”一词是狭义的，“它直接与社会中人们的具体生活有关，具有非经济性的特征，一般只局限于国内事务，具有社会性的目标等”④。钱再见主编的《公共政策新编》中“社会政策”的定义是“社会政策是政府在社会领域中处理社会问题、协调社会关系而制定的行动准则”⑤。

本书强调社会政策制定的主体是国家，其他社会组织与个人可以广泛参与社会政策行动过程，但并不是社会政策的制定主体。政策的目标是非常多样的，但社会政策的目标是促进福利的供给，提高社会成员的生活质量，从而促进人的全面发展与社会进步。在综合以上学者对“社会政策”阐释的基础上，本书认为，“社会政策是政府为处理狭义社会领域中的福利问题而采取的行动的总和，实质是政府在社会福利领域中的干预行动”。社会政策通常包括社会保障政策、公共医疗卫生政策、公共住房政策、公共教育政策、劳动与就业政策以及针对特定人群的专项政策。其中社会保障政策按照我国通行划分方法又分为社会福利政策、社会保险政策、社会优抚政策与社会救助政策，社会救助政策按照《暂行办法》的规定具体包括最低生活保障政策、特困人员供养政

---

① John Baldock，Lavinia Mitton，Nick Manning，et al. Social Policy（4th）[M]. New York：Oxford University Press，2012：8.

② ［英］迈克尔·希尔：《理解社会政策》，刘升华译，商务印书馆 2003 年版，第 11，13 页。

③ 陈振明主编：《公共政策分析》，中国人民大学出版社 2003 年，第 48 页。

④ 关信平：《社会政策概论》，高等教育出版社 2009 年，第 11 页。

⑤ 钱再见：《公共政策学新编》，华东师范大学出版社 2006 年版，第 10 页。

策、受灾人员救助政策、医疗救助政策、教育救助政策、住房救助政策、就业救助政策与临时救助政策。

二、政策执行

政策过程通常包括政策制定、政策执行与政策评估等阶段。“政策执行”的英文是“policy implementation”，在我们的日常汉语表达中，“执行”和“实施”通常混用的，导致如何汉译“implementation”在学术界存有分歧。有的学者倾向于使用“执行”，如丁煌（2002）查阅《辞海》《现代汉语词典》后认为“执行”更符合日常人们的汉语思维习惯，“‘实施’一词所表达的行为似乎比较微观、具体一些，而相比之下，‘执行’一词所表达的行为则似乎更为宏观、概括一些”，同时考虑到大陆及港台地区政策科学界的习惯译法，他个人采用“执行”的译法，并将“实施”视为“执行”的一个环节①。但有的学者却倾向于使用“实施”，如赵德余（2013）就认为“政策执行”与“政策实施”“两个词没有任何语义上的分歧，具体如何使用完全取决于个人的语言习惯”，他出于个人的语言习惯，在自己的著作里坚持使用“政策实施”②。笔者在“执行”与“实施”的理解上倾向于赵德余的观点，即认为两者没有语义上的区别，在使用上更认可丁煌的观点，毕竟现有文献更多地在使用“执行”一词，但在本书的表述中并不刻意纠结于此。

本书在此不再罗列国外代表性学者对“政策执行”的解释，因为国内学者在这方已经做过非常充分的整理工作。丁煌（2002）归纳之后认为代表性观点主要有两种：一是直接界定为一种过程，二是解释为一系列活动或行动。在此基础上，他认为“所谓政策执行，就是指政策执行者通过建立组织机构、运用各种政策资源，采取解释、宣传、实验、实施、协调与监控等各种行为，将政策观念形态的内容转化为实际效果，从而使既定的政策目标得以实现的动态过程”③。钱再见在其《现代公共政策学》中也对西方学者的“政策执行”概念进行了梳理，提出主要观点可以划分为行动学派和组织学派两大类，其中

---

① 丁煌：《政策执行阻滞机制及其防治对策》，人民出版社 2002 年版，第 21—22 页。
② 赵德余主编：《实施公共政策：来自跨学科的声音》，上海人民出版社 2013 年版，序言。
③ 丁煌：《政策执行阻滞机制及其防治对策》，人民出版社 2002 年版，第 22—25 页。

行动学派认为公共执行就是一定的机关或人员为了实现既定的公共政策目标而采取的各种行动；组织学派认为公共政策之所以能够被有效地执行，组织是其中关键的因素，没有一定的组织作为依托，没有一定程度上的组织化的努力，任何政策目标都只能停留在政策构想的阶段。在此基础上，他提出“公共政策执行可以界定为将政策意图转化为政策行动的过程，它是指公共政策执行者通过建立组织机构，运用各种政策资源，采取各种相关行动落实政策方案，从而实现公共政策目标的活动过程”①。陈振明（2003，2004）也把“政策执行”界定为一个动态的过程，认为“政策执行”是政策执行者通过建立组织机构，运用各种政策资源解释、宣传、实验、实施、协调与监控等各种行动，将政策概念形态的内容转化为实际效果，从而实现既定政策目标的活动过程②③。

综上所述，国内代表性学者对“政策执行”的定义基本是相同的，本书在借鉴与吸收的基础上认为，“政策执行是政策执行主体以政策文本以为依据，运用各种政策资源，对政策目标群体采取宣传（解释）、实施，对政策具体执行者采取协调、监控，将政策文本的内容转化为实际效果，从而实现既定政策目标的活动过程”。

三、农村最低生活保障政策与执行

在以上界定“政策”“公共政策”“社会政策”与“政策执行”的基础上，本章将继续对“农村最低生活保障政策”与“农村最低生活保障政策执行”的概念进行界定。

（一）农村最低生活保障政策

事实上，“花大量的时间去试图给社会政策确定一个完美的定义并不十分有效。……简单地看看社会政策的例子是更为有效的办法”（John Baldock et al.，2012）④，农村最低生活保障便是一项更为具体的社会政策。

---

① 钱再见：《现代公共政策学》，南京师范大学出版社 2007 年版，第 342—347 页。

② 陈振明主编：《公共政策分析》，中国人民大学出版社 2003 年版，第 225 页。

③ 陈振明编：《公共政策学——政策分析的理论、方法和技术》，中国人民大学出版社 2004 年版，第 245 页。

④ John Baldock，Lavinia Mitton，Nick Manning，et al. Social Policy（4th）[M]. New York：Oxford University Press，2012：8.

孙光德、董克用主编的《社会保障概论》认为，“最低生活保障的含义是，法律赋予每一个公民在不能维持最低生活水平时，由国家和社会按照法定的标准向其提供满足最低生活需要的物质援助的社会保障”①。原民政部长多吉才让的《中国最低生活保障制度研究与实践》应该是我国最早的研究最低生活保障的专著，他提出“所谓最低生活保障制度，是以保障居民基本生活为目的，科学、合理地确定最低生活保障标准，然后对其家庭成员的人均收入低于最低生活保障标准的给予差额补助”②。城市最低生活保障的建立要早于农村，国务院颁布的《关于在全国建立城市居民最低生活保障制度的通知》（国发〔1997〕29 号）明确提出在 1999 年底以前在全国所有的城市和有建制镇的县人民政府所在地建立城市最低生活保障，而《关于在全国建立农村最低生活保障制度的通知》（国发〔2007〕19 号）相对应地建立起农村最低生活保障。这两个文件以及国务院 1999 年颁布的《城市居民最低生活保障条例》都未对“最低生活保障”做明确的定义，但对对象范围、保障标准进行了规定。

借鉴以上学者的定义，结合现行政策文本对农村最低生活保障的规定，本书将“农村最低生活保障政策”的定义为“农村最低生活保障政策是政府制定的，对共同生活的家庭成员人均收入低于当地农村最低生活保障标准，且家庭财产状况符合申请规定的农村居民，按照当地最低生活保障标准实行施差额补助的社会救助政策”。最低生活保障是一项选择型社会政策，申请家庭经过审核才能过获得待遇资格；最低生活保障是一项收入再分配政策，保障对象在经济上不存在权利义务的对等关系，即待遇资格的获得不需要以付费作为前提条件。前文曾对“制度”与“政策”进行简要辨析，认为国家、政党或其他组织为实现特定目标而制定并实施的正式制度与政策基本相通，本书将“农村最低生活保障制度”视为与“农村最低生活保障政策”是等同的。

（二）农村最低生活保障政策执行

结合“农村最低生活保障政策”与“政策执行”的定义，本书将“农村

① 孙光德、董克用主编：《社会保障概论（修订版）》，中国人民大学出版社 2001 年版，第 346 页。

② 多吉才让：《中国最低生活保障制度研究与实践》，人民出版社 2001 年版，第 84 页。

最低生活保障政策执行”定义为：“农村最低生活保障政策执行是政府尤其是基层政府以最低生活保障政策文本为依据，运用各种资源，对农村居民采取宣传（解释）等行动，向其中的共同生活的家庭成员人均收入低于最低生活保障标准且家庭财产状况符合申请规定的农村居民发放差额补助以保障其基本生活，同时对具体执行者加以协调、监控以保证政策目标实现的活动过程。”

参考上文界定的一系列概念，结合政策文本尤其是其中法律效力最高的《暂行办法》，不难发现农村最低生活保障政策的执行主体是政府，包括中央政府（国务院）与地方各级政府。国务院民政部门负责全国的农村最低生活保障政策执行，县级以上地方政府民政部门负责本行政区域的农村最低生活保障政策执行；乡（镇）政府负责农村最低生活保障的申请受理、调查审核，具体工作由乡（镇）民政部门及其工作人员承担；村委会协助做好有关农村最低生活保障政策执行工作。

笔者认为，县级人民政府是农村最低生活保障政策执行的基本主体，因为按照“职责同构”原则，县级人民政府机构设置基本完善，职能基本完备，拥有除国防、外交之外的所有行政管理权限，且可以“发布决定和命令，任免、培训、考核和奖惩行政工作人员”①，基本具备农村最低生活保障政策执行的人力、财力组织能力。乡（镇）政府“执行本级人民代表大会的决议和上级国家行政机关的决定和命令，管理本行政区域内的行政工作”②，它是农村最低生活保障政策执行的直接主体。农村最低保障政策的政策目标群体是农村居民。“农村居民”不仅要居住在农村，更重要的是必须要有计划经济时代延续下来的“农业户口”。准确地说，农村最低生活保障政策的政策目标群体是共同生活的家庭成员人均收入低于最低生活保障标准且家庭财产状况符合申请规定的农村居民。

第二节　基本理论

本书拟采用的基础理论是史密斯建立的政策执行过程模型与萨拉蒙提出的

① 《中华人民共和国宪法》第一百零七条第一款。
② 《中华人民共和国宪法》第一百零七条第二款。

政府—非营利部门伙伴关系理论。前者将政策执行过程中复杂的影响因素扼要地归结为四个因素，后者提示我们由社会工作者、社会工作机构作为独立第三方介入农村最低生活保障政策执行是或许是可行的。本书的研究将把两个理论用于分析如何完善农村最低生活保障政策的执行。

一、史密斯模型

史密斯模型，即政策执行过程模型，是由当时执教于新西兰惠灵顿维多利亚大学的托马斯·B. 史密斯（Thomas B. Smith）创建的。斯密斯于1973年在《政策科学》杂志上发表的《政策执行过程》一文对该模型进行了详细的阐述①。如图1－1所示，史密斯认为政策执行可以看作是作用于社会的一种“张力”（Tension），政策执行过程中的“理想化的政策”（Idealized Policy）、“执行机构”（Implementation Organization）、“目标群体”（Target Group）与“环境因素”（Environmental Factors）之间及其内部都会产生张力。张力导致不同的处理方式（Transaction），这些处理方式可能达到也可能达不到政策制定者的政策结果预期，而且也可能会固化为制度（Institution）。处理方式与制度都可能产生张力，进一步反馈给政策制定者和执行者之后，可能支持或反对政策的进一步执行。这是一个不断循环的过程，因此，政策制定者可以运用这个模型尝试让导致政策结果失败的破坏性张力在政策执行过程中最小化，从而实现政策预期，同时也可以制定或应用于更高效率的政策。

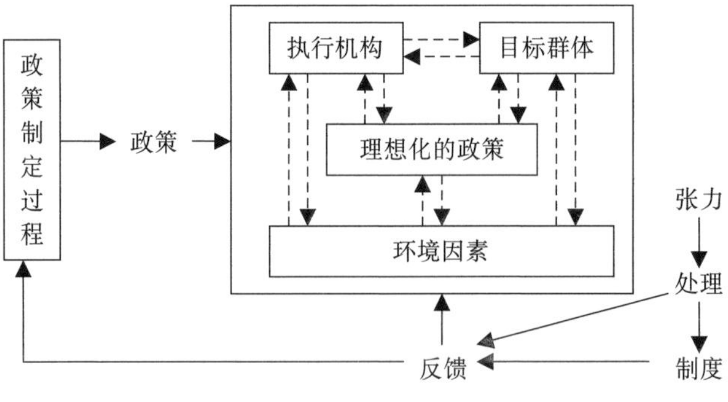

图1－1 史密斯模型

① Thomas B. Smith. The Policy Implementation Process［J］. Policy Sciences，1973（2）：197—209.

史密斯模型的进步之处在于，它不但强调了当时人们所关注的理想化政策的制定，而且强调目标群体、执行机构、环境因素的影响以及它们之间的互动。史密斯在他的论文中对上述政策执行过程中的四个要素作了进一步解释。

1. 理想化的政策

理想化的政策是指政策制定者试图追求的理想化的互相作用形式，它包含四类的相关变量，分别是正式的政策（即政策的表现形式）、政策的类型（复杂的或简单的政策，组织化或非组织化的政策，分配、再分配、规制或自我规制政策）、政策的计划（支持的强度、政策的来源、政策的范围）与政策的印象。

2. 执行机构

执行机构是指负责政策执行的官僚机构单位。政策执行中有三个关键变量需要考虑：组织结构与人员、领导情形、执行计划和能力。

3. 政策的目标群体

政策的目标群体即政策对象是指那些被要求适应政策新的互动形式的人。他们是受到政策影响且必然地采取适当反应的符合政策要求的群体或者个体。相关因素包括目标群体的组织化或机构化程度、领导情形与政策经验。

4. 环境因素

环境因素即政策环境，是指影响政策执行的或受政策执行影响的因素，它可视为政策执行必须得通过得一种“约束通道”（constraining corridor）。不同的政策类型可能受到不同的文化、社会、政策与经济状况的主导。

农村最低生活保障政策执行中存在的错综复杂的问题，本书将以史密斯模型为框架，从理想化的政策、政策对象、执行机构与政策环境四个方面提出完善的对策建议。

二、政府—非营利部门伙伴关系理论

莱斯特·M. 萨拉蒙（Lester M. Salamon）认为，福利国家理论与流行的志愿部门理论并不能解释非营利组织（部门）存在的必要性[①]。第一，源于欧洲

① ［美］莱斯特·M. 萨拉蒙：《公共服务中的伙伴——现代福利国家中政府与非营利组织的关系》，田凯译，商务印书馆2008年版，第38—42页。

的福利国家概念强调政府的责任，政府在解决社会问题和提供服务中占据支配地位，政府机构以牺牲其他社会机构为代价扩张着，非营利部门没有任何概念上的空间。第二，公共物品供给以及搭便车问题的存在导致的市场失灵需要政府的介入，但在民主社会中，公共物品生产的种类与数量必须获得绝大多数选民的支持，由此造成一些未能获得大多数人的支持却又有需要的公共物品未能得到供应。换言之，市场失灵、政府失灵造成的“未得到满足的需求”是私人的、志愿的非营利部门存在的需要，非营利部门可视作是政府的替代物，负责提供整个政治社区没有同意的产品和服务。显然，政府对非营利组织提供财政支持与非营利组织的存在是因为“未得到满足的需求”的理由是矛盾的。同时，某些商品或服务，如对老年人的照顾，购买者和消费者非同一性，由此造成在标准的市场机制中消费者可能无法获得足够的信息，生产者（营利企业）受利益驱动而背叛购买者，造成合约失灵。合约失灵的存在，导致购买者需要非营利组织作为代理人以确保其所购买的产品或服务符合一定的数量与质量标准。但是政府可能比非营利组织更没有理由去背叛消费者的信任，人们会更加依赖政府而不是营利组织。

有鉴于此，萨拉蒙改写了已有的理论，以美国为例提出了一个新的政府—非营利部门关系理论。[①] 他认为在福利国家理论中应该区分为政府作为资金提供者和监督者的作用与政府作为服务提供者的作用。提供服务时，美国政府运用补助金等手段大量地借助第三方机构，而其自身则起着管理的作用。这种政府支持非营利机构的模式可被视为第三方治理模式，综合考虑了服务的灵活性、成本与质量。但志愿部门（第三方机构）存在“志愿失灵”，即慈善不足、慈善特殊主义、慈善的家长式作风与慈善的业余主义。因此，志愿部门的弱点正好是政府部门的长处，反之亦然，无论是志愿部门替代政府，还是政府替代志愿部门，都没有比二者之间的合作有意义。萨拉蒙将非营利组织划分为筹款机构（或资金筹募中介）、会员服务组织、公益组织、宗教组织（或其他执行神圣的、宗教功能的组织）四类，重点关注了政府与公益组织的关系。

虽然萨拉蒙的政府—非营利部门伙伴关系理论是以美国为例进行阐述的，

① ［美］莱斯特·M. 萨拉蒙：《公共服务中的伙伴——现代福利国家中政府与非营利组织的关系》，田凯译，商务印书馆2008年版，第42—51页。

但它对我国农村最低生活保障政策执行中引入第三方力量有一定的启发意义。现代政府理论认为政府失灵主要包括两种类型：一是功能型政府失灵。政府在干预经济过程中，由于信息不完全、政策手段乏力等原因而造成的政府失灵问题，包括宏观经济政策失败、反垄断不力等方面。二是制度性政府失灵。这种失灵来源于政府体制内在的缺陷，如官员并不代表公共利益、利益集团力量过于强大、政治监督体制不力等，使得政府在干预经济的过程中造成了新的问题，包括寻租、政府行为低效率、官僚主义①。

我国农村最低生活保障政策执行过程中出现的“人情保”与“关系保”、“搭车保”等都可以理解为社会救助管理方面制度性政府失灵的表现，本书将对当下热议的社会工作机构作为第三方力量介入执行过程是否可行进行探讨。

第三节 研究方法

本书选取某个县（市、区）作为考察样本，即采取个案研究法（案例研究法），对农村最低生活保障政策的实际执行进行研究。考虑到考察内容对当地而言有一定的敏感性，能否顺利“进场”决定了研究的效果，本书最终选取了笔者能够获得一定帮助的 X 省 W 县作为考察样本。具体研究方法除了文献研究法之外，主要是运用深度访谈法，选取民政干部、乡（镇）干部、村干部、保障对象与非保障对象（普通村民）进行半结构式访谈。

一、研究策略

本书考察的是农村最低生活保障政策的实际执行情况。一方面，我国幅员辽阔，各地经济、社会、文化差异显著，想要获得一个全面且具有普遍解释力的研究结论即便可能，那也将非常困难；另一方面，笔者的研究能力、研究经费与研究时间无法支撑一个大面积、多样本的研究。因此，本书仅选取某个县（市、区）作为考察样本。那么个案研究是否具有一定的代表性，或者说本书仅考察某个县的农村最低生活保障的执行情况能否能够在一定程度上反映我国

① 朱光磊主编：《现代政府理论》，高等教育出版社 2006 年版，第 131 页。

农村最低生活保障政策的执行情况？这个问题实际上是“个案”与“整体”之争。

纵观费孝通先生的学术实践生涯，我们可以清晰地发现他的“社区研究”与“类型比较”方法论思想，即以个别社区进行研究也能达到认识我们整个国家的目的，因为研究的个案代表了某种类型，进一步的类型比较便可逐步接近整体①。费先生正是通过对江苏“江村”的单一研究，再到云南“禄村”“易村”与“玉村”三个不同类型村庄的对比研究，验证了是现代工商业的入侵导致土地从农民手中丧失的判断，从而为他进一步思考如何解决我国农村问题奠定了坚实的认识基础。王宁（2007）也提出过相似的观点，他认为个案研究结论具有“可外推性”（“类型代表性”），可以通过“分类同质化”外推（或“分层同质化”外推）的观点②。还有学者认为部分（个案）与整体相互生成，两者是关系性存在，从关系视角对它们进行研究就意味着不需要追求与个案不相关的事实，不存在异质性；“个案超越所带来的知识增长，既可能是‘突发式’的，也可能是‘累积性的’”③。

学术前辈的研究水平笔者实难超越，但笔者亦希望通过对个案样本的考察，了解我国农村最低生活保障政策执行的真实图景。一方面，试图能够针对执行中存在的不足提出具有一定适用性的完善建议；另一方面，试图解开近年来在笔者心中对于农村最低生活保障是否具有福利污名与福利依赖的疑惑，以及当前热议的第三方尤其是社会工作组织介入最低生活保障是否具有可行性。

二、个案选取

以往的研究经历让笔者深刻体会到，涉及政府机构的调查工作，必须要获

---

① 费孝通在1992年召开的北京大学社会文化人类学第二届高级研讨班上的讲话指出，“如果我们用比较的方法把中国农村的各种类型一个一个地描述出来，那就不需要把千千万万个农村一一地加以观察而接近于了解中国所有的农村了……通过类型比较是可能从个别逐步接近整体的”。陈向明：“从一个到全体——值的研究结果的推论问题”，《教育研究与实验》2000年第2期，第1—8，72页。

② 王宁：“个案研究的代表性问题与抽样”，《甘肃社会科学》2007年第1期，第1—4页。

③ 王伟富：“个案研究的意义和限度——基于知识的增长”，《社会学研究》2012年第5期，第161—183，244—245页。

得科层系统内部上级官员的“布置”或同级官员的“协调”，否则调查工作将无法顺利开展或无法取得理想效果。但如果仅是通过上下级官员或同级官员之间严肃的工作关系，调查工作将被“公事公办”，因为在日常工作中他们接受过各级各部门大量的甚至主题重复的调查，或是心生厌倦，或是心存防范，被调查单位及其工作人员并不愿意披露实际情况或反映真实的工作感受。上级官员或同级官员通过不完全的工作关系甚至夹杂个人情感的“打招呼”反而能够获得被调查单位及其工作人员访谈对象的积极配合。同时，本书的调查涵盖较多对访谈对象及其所在的地区、部门而言较为敏感的内容。总之，笔者能否顺利“进场”将极大地影响本书的研究效果。笔者有多位亲友在地处中部地区的 X 省下辖的 W 县担任公职，在他们的帮助之下，笔者可以较为顺利地与 W 县的县、乡（镇）、村三级农村最低生活保障工作人员以及保障对象、非保障对象（普通居民）接洽，并取得他们的信任。正是基于这一原因，笔者最终选取 W 县作为考察样本。

W 县现辖 7 个镇、8 个乡、6 个居委会、173 个行政村，县政府驻地 N 镇是全县政治、经济、文化中心。全县总户数约 9.4 万户，共 31.5 万人，其中非农业人口约 5.2 万人。W 县境内海拔 500—1000 米，总面积 2311.4 平方公里，其中山地面积 276 万亩，耕地面积约 19 万亩；属于亚热带湿润季风气候区，四季分明、雨量充沛、光照充足，土壤富含多种微量元素，非常适合果树种植。因此，该县利用丰富的山地资源、得天独厚的气候与土壤大力发展果业产业，种植面积达 45 万亩，产值达 12 亿元，果业已成为该县的支柱性产业，在县域经济中占有举足轻重的地位。2013 年 W 县实现地区生产总值约 44.7 亿元，财政总收入 5.3 亿元，其中公共预算收入约 3.7 亿元，财政总支出 16.0 亿元，全年农民人均纯收入约 5100 元。W 县共有农村最低生活保障对象 7922 户 12794 人（2014 年第三季度数据），W 县民政局负责全县农村最低生活保障管理工作，具体工作由社会救助股承担。2003 年设立的管理城市居民最低生活保障工作的城市居民最低生活保障股是社会救助股的前身。由于相继增加了农村最低生活保障、城乡医疗救助、农村五保供养、农村住房救助、20 世纪 60 年代精减退职困难职工救济、临时救助、农村敬老院建设与管理和城乡社会救助体系建设等工作，城市居民最低生活保障股于 2009 年由该县编制委员会办公室批准更名为社会救助股。

通常而言，贫困地区对农村最低生活保障有更大的需求，农村最低生活保障政策在这样的地区也能发挥出更大的政策效果。W 县是国家扶贫工作重点县（国家级贫困县），因此对该县农村最低生活保障政策执行加以考察，可以在较为全面地揭示出农村最低生活保障政策执行的图景。

三、具体的研究方法

（一）文献研究法

文献研究法贯穿于本书研究的全过程，文献主要有三个来源：一是图书与 CNKI 数据库资料。笔者通过检索、阅读与分析政策科学、政策执行以及农村最低生活保障政策方面图书资料与 CNKI 数据库的期刊、学位论文、报纸资料，理清了研究的研究现状、涉及的基本概念与所需使用的基础理论，为本书研究做好前期准备。二是网站资料。笔者通过访问中央、省、市、县四级行政机关网站，民政及卫计、财政、统计等相关部门网站，查阅了农村最低生活保障相关政策文本、统计数据。随着调查过程中不断暴露出来的资料储备的不足，笔者基本都是通过及时访问这些网站查阅相关内容而得以弥补的。三是调查中获得资料。在调查过程中，访谈对象给笔者提供了一些纸质资料与电子资料，主要是 W 县委、县政府以及民政、财政、卫生等部门出台的政策文本以及一些工作计划、工作总结与相关统计资料。这部分资料具有明显的地方、部门属性，往往无法通过公开途径获得，因此对本书的研究而言万分珍贵。

（二）深度访谈法

笔者在 2014 年 8—10 月对 W 县开展了为期近三个月的实地调查，调查过程中笔者主要采用的是深度访谈法。访谈对象分为民政干部、乡（镇）干部、村干部、保障对象与非保障对象（普通村民）等（见表 2 - 1）。笔者具体选取了 W 县下辖的北路镇、大河镇与平原乡作为主要访谈乡（镇）。笔者事先拟定了访谈提纲[①]，但实际访谈内容并不局限于该提纲。在与访谈对象商议访谈的

---

① 访谈提纲见附录。

时间与地点时，笔者坚持以访谈对象方便为主的原则，全力配合访谈对象的安排。在访谈时，笔者使用录音设备的诉求获得了绝大部分访谈对象的理解与准许，笔者事后及时对这些录音进行了转录；个别不同意录音的访谈对象，笔者在访谈过程中快速记录了内容要点，事后及时进行了整理、补充与完善。对后面的访谈对象访谈中涉及前面访谈对象的访谈内容，且笔者有疑问的，笔者进行了必要的回访；在对访谈资料进行加工、分析的过程中出现的疑惑，笔者及时对相关访谈对象进行了电话或网络回访。

表 2-1　　　　深度访谈对象汇总

个案分类	个案编码	称呼	单位、村（居）	职务	备注
民政干部	MZ1	潘股长	民政局社会救助股	股长	原社会事务股股长
	MZ2	张股长	民政局社会救助股	原股长	2014 年上半年退休
	MZ3	曾干部	北路镇民政所	干部	前所长 现借调社会事务股
	MZ4	王所长	平原乡民政所	所长	2015 年退休
	MZ5	林所长	大河镇民政所	所长	2009 年任现职 园林专业本科毕业
卫生干部	WS1	邝股长	卫生局法规股	股长	网络访谈
财政干部	CZ1	蔡股长	财政局社会保障股	股长	网络访谈
	CZ2	林干部	财政局社会保障股	干部	网络访谈
	CZ3	凌干部	财政局乡镇财政管理局	干部	网络、电话访谈
组织干部	ZZ1	郑科长	组织科	副科长	网络、电话访谈
乡（镇）干部	XZ1	曹镇长	北路镇政府	副镇长	
	XZ2	潘干部	平原乡政府	干部	驻村干部
	XZ3	刘干部	平原乡政府	干部	
村干部	CG1	王主任	平原乡富中村委会	主任	
	CG2	张主任	北路镇小桥村委会	代理主任	
	CG3	刘书记	大河镇洪北村支部	书记	
	CG4	钟书记	大河镇小溪村党支部	代理书记	

续表

个案分类	个案编码	称呼	单位、村（居）	职务	备注
低保对象	DB1	谢某	平原乡富中村	村民	儿子患有精神病
	DB2	林某	平原乡富中村	村民	DB1 的妻子
	DB3	刘某	大河镇黄泥村	村民	二女结扎户
	DB4	曹某	培风乡大排村	村民	工伤致左手截肢
	DB5	曾某	培风乡大排村	村民	哥哥患精神疾病
普通村民	PT1	谢大爷	大河镇小溪村	村民	曾在镇财政所工作，后回村当村干部，纯女户，曾是低保对象
	PT2	方某	大河镇洪北村	村民	大专毕业，计生超生户
	PT3	方阿姨	大河镇洪北村	村民	PT2 的母亲
	PT4	潘叔叔	大河镇松涛村	村民	曾患膀胱癌
	PT5	王老师	邓姜镇邓姜中学	教师	PT4 的女婿 大专毕业

在访谈过程中及访谈资料的整理、分析过程中，笔者发现原定的访谈对象范围过窄，除了民政部门，卫生、财政、组织部门对农村最低生活保障政策的执行也有重大影响。因此，带着明确的问题，笔者又对这些部门的工作人员做了访谈，因为笔者当时已经离开 W 县，对这些访谈对象的访谈是通过网络（QQ 和电子邮箱）、电话进行的，或者是笔者将访谈问题明确转告给其中的访谈对象，再由该访谈对象咨询这些问题涉及的具体岗位的工作人员。

另外，有必要对本书研究中访谈的保障对象和非保障对象（普通村民）数量较少的原因进行特别说明。这主要是因为本书的研究侧重于政策执行，执行机构及其工作人员是分析的重点，而保障对象和非保障对象（普通村民）属于政策的目标群体或潜在目标群体。在具体操作上，与访谈对象中的干部相比，笔者没有足以在较短时间内获得这两类访谈对象信任的“中间人”，这些人并不愿意向笔者这个“陌生人”吐露他们所在村庄最低生活保障政策的运行情况，他们担心他们的言论会因为笔者的原因引发不必要的麻烦。而通过干部，尤其是村干部选取这两类访谈对象，一方面干部们往往会选取“听话”的村民，另一方面被选取的村民也会因为干部们的“点将”而隐藏他们的真实想法。因此，与其做数量较多的质量不佳的访谈，不如保证访谈质量而不追求访谈数量。从实际情况来看，接受笔者访谈的这两类访谈对象反映的情况与其他类型的访谈对象反映的情况能够相互验证，说明仍然达到了理想的访谈效果。

美国著名社会学者艾尔·巴比在其畅销的《社会研究方法基础》一书中强调，社会研究应遵循“对研究对象无害”与“自愿参与”的社会研究伦理①。笔者尽量过滤考察样本、访谈对象的与研究无关的信息，即使是与研究有关的信息，笔者也采取了必要的技术处理，如不透露出真实的地名、人名，在确保真实性、有效性的前提下对一些统计数据进行模糊化处理，在此也恳请各位读者不要刻意去追问这些信息的真实原貌。笔者无意去披露考察样本县及访谈对象，尤其是县、乡（镇）、村三级干部在农村最低生活保障政策执行方面的负面信息，旨在通过考察样本县及访谈对象获得农村最低生活保障政策在基层，尤其是落后地区的基层是如何执行的。另外，笔者恪守“自愿参与”的研究伦理，在一定程度上导致了访谈对象中的保障对象与非保障对象（普通村民）数量较少。

① ［美］艾尔·巴比：《社会研究方法基础》（第八版），邱泽奇译，华夏出版社 2002 年版，第 26—27 页。

第三章

农村最低生活保障政策的执行考察（上）

揭示农村最低生活保障政策在基层执行的真实图景是本书的主要内容，但本书在研究中不严格以政策执行通常包含的宣传（解释）、实施、协调、监控等步骤作为分析单元来考察样本县W县的农村最低生活保障政策执行。农村最低生活保障是保障农村居民能够获得最基本生活的选择型收入再分配政策，政策的执行过程可以理解为保障对象确定的过程，即是受益者选择机制建立及其运行的过程。顾昕、高梦滔（2007）曾将社会救助的目标定位过程概括为“设标”和“觅标”两个步骤①，但考虑到样本县存在的人情保、关系保以及搭车保等干预现象，本章从设标、觅标与干预三个方面对农村最低生活保障政策的执行过程先作一个整体介绍，在第四章中将继续从政策宣传、张榜公示、动态管理、监督激励与政策捆绑等环节作进一步介绍。

第一节　设标：保障对象确定存双重依据

最低生活保障标准是确定保障对象的主要依据，根据农村最低生活保障政策的定义，共同生活的家庭成员人均收入低于当地最低生活保障标准，且家庭财产状况符合申请规定的农村居民可以获得救助资格，享受保障待遇。因此，

① 顾昕、高梦滔：“中国社会救助体系中的目标定位问题”，《学习与实践》2007年第4期，第5—11页。

对农村最低生活保障政策执行而言，最低生活保障标准具有非常重要的意义。然而，本书的研究却发现在政策执行中存在保障标准偏低且可操作性较差，确认保障对象不仅依据保障标准，同时还逐级分配保障对象指标。

一、政策文本中对保障标准的规定

自农村最低保障建立以来，从中央到地方各级政府以及民政等相关部门出台的一系列政策文本强调保障标准的重要性，并对如何设定保障标准进行了原则性的说明，如2007年国务院《关于在全国建立农村最低生活保障制度的通知》规定以能够维持当地农村居民全年基本生活所必需的吃饭、穿衣、用水、用电等费用为依据确定保障，并随着当地必需品价格变化和人民生活水平提高适时进行调整；2006年X省确立实施农村最低生活保障政策的《关于完善城乡社会救助体系的意见》规定，按照当地实际制定与其经济社会发展水平相适应的保障标准；2013年X省《关于进一步加强和改进最低生活保障工作的实施意见》规定保障标准按照当地能够维持村（居）民基本生活所必需的吃饭、穿衣、用水、用电等费用，结合当地的经济发展水平、物价指数变化、消费水平和财政承受能力等因素确定，并随着当地生活必需品价格变化和人民生活水平提高适时进行调整；《暂行办法》规定保障标准按照当地居民生活必需的费用确定，并根据当地经济社会发展水平和物价变动情况适时调整（见表3－1）。总之，某地农村最低生活保障标准应当综合考虑当地农村居民基本生活所必需的费用、经济社会发展水平、物价水平、消费水平与财政承受能力等因素。

表3－1　　政策文本关于保障标准制定与所需资金筹集的规定

生效时间	发布主体	政策文本名称	对保障标准制定与所需资金筹集的规定
2006年	省政府	关于完善城乡社会救助体系的意见	参照每人每月70元，人均补差不低于25元的标准，由县级政府按照当地实际，制定与其经济社会发展水平相适应的农村最低生活保障标准，报设区市政府备案后公布执行。所需资金省级财政按2005年底各地农村特困救助人数月人均20元的标准负担，县级财政按人均不低于5元予以配套

续表

生效时间	发布主体	政策文本名称	对保障标准制定与所需资金筹集的规定
2006 年	县政府	W 县农村居民最低生活保障实施意见	按照 W 县维持农民居民生活所必需的衣、食、住费用，适当考虑用电、燃料、未成年人义务教育等所需费用，将保障标准确定每人每年 840 元，月人均补差不低于 25 元。今后随物价指数的变动和社会生活水平的提高以及财政收入的增长适时调整保障标准。所需资金主要以原农村特困户救助资金为主，上级拨付 80%，本级财政负担 20%
2007 年	国务院	关于在全国建立农村最低生活保障制度的通知	保障标准由县级以上地方政府按照能够维持当地农村居民全年基本生活所必需的吃饭、穿衣、用水、用电等费用确定，并报上一级地方政府备案后公布执行。保障标准要随着当地生活必需品价格变化和人民生活水平提高适时进行调整。所需资金的筹集以地方为主，地方各级政府要将所需资金列入财政预算，省级政府要加大投入。地方各级政府民政部门要根据保障对象人数等提出资金需求，经同级财政部门审核后列入预算。中央财政对财政困难地区给予适当补助
2007 年	财政部 民政部	关于加强农村最低生活保障资金使用管理有关问题的通知	各地要遵循与当地经济发展水平和财力状况相适应，与其他农村社会救助等生活性补助政策相衔接的原则，按照能够维持当地农村居民全年基本生活所必需的吃饭、穿衣、用水、用电等费用确定保障标准，并随着当地生活必需品价格变化和人民生活水平的提高适时进行调整。资金的筹集以地方为主，由地方各级民政部门提出资金需求，经同级财政部门审核后列入年度预算，报同级人民代表大会审批后执行。省级财政要加大投入，省与市、县资金筹集比例由省级财政、民政部门报省级政府确定。中央财政对财政困难地区给予适当补助，重点向贫困程度深、工作任务重的地区倾斜。中央财政补助资金按照公平、公正、透明以及考核激励、“以奖代补”的原则，采取因素法进行测算和分配

续表

生效时间	发布主体	政策文本名称	对保障标准制定与所需资金筹集的规定
2010 年	民政部	关于进一步规范农村最低生活保障工作的指导意见	保障标准的确定与调整要经过科学测算，由民政部门会同财政、统计等部门共同测定，经县级以上地方政府批准和颁布。各级民政部门要按财政部、民政部的要求，根据保障对象人数和实际低保补助水平，科学合理地测算资金需求，及时编制资金需求计划，经同级财政部门审核后列入年度预算，报同级人民代表大会审批后执行。省级财政要加大投入，并按照公平、公正、透明的原则分配资金，既要向贫困程度深、工作任务重的地区倾斜，又要体现工作激励因素
2011 年	省政府	X 省农村居民最低生活保障办法	保障标准由县级以上地方政府制定，报上一级政府备案后公布执行。县级以上地方政府应当将资金列入财政预算
2012 年	省政府	2012 年民生工程安排意见	将全省平均保障标准提高到 170 元，财政月人均补差水平增加 15 元，达到 105 元
2012 年	省民政厅 省财政厅	关于做好 2012 年社会救助提标提补工作的通知	全省保障标准平均每人每月由 130 元提高到 170 元，补差水平每人每月提高 15 元，达到 105 元
2012 年	县民政局	关于对城乡社会救助对象进行提标提补的通知	保障标准由每人每月 130 元提高到 170 元，月人均补差由 90 元提高到 105 元
2012 年	国务院	关于进一步加强和改进最低生活保障工作的意见	科学制定保障标准，健全救助标准与物价上涨挂钩的联动机制，综合运用基本生活费用支出法、恩格尔系数法、消费支出比例法等测算方法，动态、适时调整保障标准；省级政府可根据区域经济社会发展情况，研究制定本行政区域内相对统一的区域标准，逐步缩小城乡与区域差距。省级财政要优化和调整支出结构，切实加大资金投入。中央财政低保补助资金重点向保障任务重、财政困难地区倾斜，在分配保障补助资金时，财政部要会同民政部研究“以奖代补”的办法和措施，对工作绩效突出地区给予奖励，引导各地进一步完善制度，加强管理

续表

生效时间	发布主体	政策文本名称	对保障标准制定与所需资金筹集的规定
2012 年	省民政厅	X 省最低生活保障操作规程	保障标准由设区市政府或各县级政府确定并及时向社会公布。省政府对全省保障标准进行调控与指导。各级政府要优化和调整财政支出结构，按照应保尽保的要求，及时足额安排保障资金。省级财政采取“以奖代补”的办法，对工作绩效突出地区给予保障资金奖励，引导各地进一步完善制度，加强管理
2013 年	省政府	关于进一步加强和改进最低生活保障工作的实施意见	保障标准由设区市政府或县级政府，按照当地能够维持村（居）民基本生活所必需的吃饭、穿衣、用水、用电等费用，结合经济发展水平、物价指数变化、消费水平和财政承受能力等因素确定，并随着生活必需品价格变化和人民生活水平提高适时进行调整。省政府根据全省经济社会发展情况对全省保障标准提出指导性意见
2014 年	省民政厅	关于做好 2014 年城乡困难群众和部分优抚对象提标提补工作的通知	全省平均保障标准提高到每人每月 220 元，月人均补差水平提高到 145 元，县级财政部门按照保障人数和每人每月 29 元的标准安排资金
2014 年	国务院	社会救助暂行办法	社会救助水平与经济社会发展水平相适应，保障标准由省级或者设区的市级政府按照当地居民生活必需的费用确定、公布，并根据当地经济社会发展水平和物价变动情况适时调整。县级以上地方政府应将政府安排的社会救助资金纳入财政预算

保障标准由县级以上人民政府制定，我们通过梳理政策文本可以发现，政策文本越来越倾向于提升保障标准制定的政府层级，即由更高层级的政府来制定本行政区域的保障标准（见表 3 - 1）。如 2006 年 W 县建立农村最低生活保障所依据的 X 省政府、W 县政府出台的政策文本规定，保障标准由县级人民政府制定；2012 年国务院《关于进一步加强和改进最低生活保障工作的意见》明确提出省级人民政府可根据区域经济社会发展情况研究制定本行政区域相对统一的区域标准；《暂行办法》规定保障标准由省级人民政府或者设区市人民

政府确定。由县级以上政府，甚至直接由省级政府、国务院制定保障标准的最大的优势在于可以保障各县（市、区）的保障标准的合理性，避免各县（市、区）因试图减轻本级政府财政责任而制定偏低的保障标准；同时还可以避免政策过于碎片化，一定程度上实现区域公平。

二、政策执行中保障标准与保障规模指标化的矛盾

在农村最低生活保障政策执行中，如表 3－1 所示，W 县 2006 年、2012 年、2014 年的保障标准与 X 省规定的保障标准是完全一致的。结合访谈对象提供的信息可知，X 省政府及民政、财政部门每年都会制定并通过发布全省统一的保障标准、人均补助水平，W 县历年的保障标准、人均补助水平都是以 X 省制定统一的保障标准为准，没有另行调整。

问：我们县的农村最低生活保障标准、人均补差水平是如何确定的？通过比对部分年度省里的规定与县里执行的标准，两者是一致的，是否可以认为我们县都是在执行上级规定的保障标准与补差水平，并没有再根据我们县的财政承受能力、物价水平等因素在上级规定的基础上进行调整？

答：县（里）的农村最低生活保障标准、人均补差水平是根据省里文件规定执行，文件中没有“根据县财政承受能力等因素在上级规定的基础上进行调整”的规定，县级原则上不会擅自提高标准，比如在 X 省除 N 市（笔者注：N 市是 X 省的省会）以外的地方，执行的都是统一标准。

——对县财政局社会保障股股长 CZ1 的访谈

（笔者注：N 市农村最低生活保障标准高于省内其他设区市，如 2014 年 X 省政府制定的统一保障标准是 220 元，而 N 市政府制定的保障标准是 260 元，但平均补差水平是相同的，都是 145 元。）

但访谈对象几乎都认为 X 省制定的统一保障标准对 W 县而言是偏低的，可操作性较差，如 2014 年的保障标准是家庭人均月收入 220 元（人均年收入 2640 元）。W 县的柑橘、脐橙种植经过了二三十年的发展，官方统计数据显示种植面积多达 45 万亩，已经成为该县农业经济乃至县域经济中比重最大、分量最重的支柱产业。果业产业的发展一方面给 W 县种植果业的农村居民家庭带来了较为丰厚的收入，另一方面也催生了极为广阔的劳动力需求市场，农村

家庭居民人均收入较高。访谈对象普遍认为在当地农村，除了主要劳动力重残、重病或其他原因导致丧失劳动能力家庭外，极少数家庭人均收入低于保障标准，而这其中又有一部分是已经纳入五保供养的“三无”老人或纳入孤儿救助的孤儿。

问：按您掌握的情况，农村居民家庭人均年收入低于2640元的多不多呢？

答：如果真正按照这条“杠杠”画下去，（已有的保障对象）能够存下来能够达到一半左右我认为就十分不错了啊。……一个月220块钱，那差不多的人（笔者注：“一般的人”“普通人”的意思）只要不好吃懒做，怎么会低于220（元）！按照这种收入去核定能否进入低保，那大部分都要退出。

——对民政局社会救助股股长MZ1的访谈

问：家计调查实际上是没有做的？

答：没有做，它相当于是虚设的。

问：就是说，如果按低保线2640元算，基本上没人符合低保待遇标准？

答：也有（符合的），比如说有残疾的没有做什么了（笔者注：指无法从事任何可获得经济来源的残疾人）。如果真正按2640元来算，能够真正享受低保的人（数）能够说是微乎其微，就很少了，不要说是百分之四点多，1%的样子不知道都有没有啊，是吧。

——对北路镇民政所前所长MZ3的访谈

问：您觉得您了解农村最低生活保障政策么？

答：政策来讲，我们是了解的。但是呢就是执行的时候，我们民政自己感觉啊都十分难执行。因为我们的低保政策是按家庭年人均收入来的，家庭年人均收入呢现在定的标准又比较低，像我们W县现在的政策定的是一个月220块钱1个人，意思就是说你的家庭人均收入达不到220块钱的就属于低保。这个是农村最低生活保障，我们镇里大部分是农村最低生活保障（对象），城市低保（对象）十分少。像我们民政去调查家庭收入，（即使）这个果树收入我们撇开不算，我们就算“后生子”（笔者注：青壮年人口）有劳动能力的，这个220块钱啊大家都超过了，冇[①]这么低的收入。

① “冇”读音“mǎo”，通“没有”“无”。“冇”在多地方言中都有使用，最常见于客家语、粤语中，在本书研究的样本县W县人的日常用语中也广泛使用。

问：很多人都说现在老百姓的生活普遍都高于最低生活保障标准，那是不是可以这么理解，如果保障标准不提高，那执行低保政策没有多大的意义？

答：我的话是这么理解，上面领导怎么考虑我就不清楚了。我的理解，最低生活保障线是应该保障他吃饭，不是保障他潇洒的。我了解到的大河镇来讲，要靠低保来吃饭的基本上就冇的。如果真的要靠低保吃饭的，一般就孤儿，要不就是五保（供养对象），这些本身又有另外的五保（供养）、孤儿补助。……我们这里就是这样，其他地方（我）就说不清楚。就刚才说的（大河镇的农村最低生活保障对象）百分之二三十就不是等着这个（低保补助金）来食饭的。

问：那按您刚才说的，这个比例不止百分之二三十哦。

答：如果以家庭为单位，那确实有百分之八九十（都不符合）哦。……像我们大河镇，一天80块钱的小工就还是女工，男工都还不止这个（工价）。

——对大河镇民政所所长MZ5的访谈

问：您觉得低保，或者整个社会救助在农村运行的最大问题是什么？

答：最大的问题怎么说呢，其实还应该像王所长（笔者注：平原乡民政所所长，访谈对象MZ4））说的，现在真正找不到饭来食的就是那种好吃懒做的人。像现在的工价，给别人铲草，至少80一天，就女的哦80块钱一天，男的就100、120。只要卖点力气的，饿是饿不到的，那个（低保补助金）一个月才百十块钱，那也济不到什么事，是不是，也就是像他们说的那样“多买几斤猪肉吃（而已）”。

——对平原乡政府驻村干部XZ2的访谈

问：村里是否会对申请人进行家庭经济状况调查？

答：这里说一下，收入这块除了说个把子好食懒做的，经济收入这块一般都……（高于保障标准），因为它（申请条件）的最低人均收入好像是千把块钱，前面是千多块钱，好像是千三四，经济收入这块基本上是冇办法操作的。

问：就是说如果真正按规定的最低生活保障标准执行的话，村里基本上没有真正符合的？

答：少，很少。

——对大河镇洪北村支书CG3的访谈

农村最低生活保障对家庭人均收入低于当地保障标准的居民给予差额补助，因此确定最低生活保障标准是建立农村居民最低生活保障制度的关键环节①。就特定区域的特定时期而言，当地保障对象的多少与保障标准的高低是正相关的，保障标准越高，意味着符合申请条件的家庭越多。然而通过上述的访谈发现W县的农村最低生活保障存在保障标准低与保障对象多的冲突关系，实际保障的人数大于以保障标准为依据应该保障的人数，这就意味着存在“保不应保”。这是由于W县的农村最低生活保障并没有按保障标准确定其保障对象规模，而是按各乡（镇）农业人口的一定比例（4.5%左右）指标化地从县里分到各个乡（镇），乡（镇）再按同样的比例指标化地分到各个村。各个村的农村最低生活保障对象指标数通常是固定的，在实际执行中乡（镇）有时也会根据所辖各村农民居民的实际情况进行微调，但这样的调整是否成功取决于乡（镇）政府、民政所干部与村干部的关系，村干部出于地方本位主义并不愿意减少本村的保障对象指标数。

问：您原来在北路镇民政所里工作的时候，低保指标从县局分到镇里之后，镇里是怎么分给各个村的呢？

MZ3：我们县里到乡（镇）是这样的，按照农业人口的（百分之）4点多的比例，大约是4.7%的比例，分到各个乡镇。比如说北路镇 咩，农业人口大约是31000（人）样子，31000（人）的话（低保指标）大概是1600（个）样子。

问：那这些指标分到下面村里是怎么分的？也是按同样的方法？

MZ3：乡（镇）大概也是按照这个比例，（但）没有绝对。

XZ1：多少也会调整，更有的和更有啊（笔者注：有的村富一些，有的村穷一些），有的（村）可能4.2（即按4.2%），有的（村）可能5.2（即按5.2%来分配保障对象指标）。

——对北路镇政府副镇长XZ1、民政所前所长MZ3的访谈

问：低保的政策效果如何呢？就咱村里来说，假如有一天低保政策取消了，会不会对村民生活有影响？按您的意思，对于咱村来说，低保政策可有可

① 多吉才让：《中国最低生活保障制度研究与实践》，人民出版社2001年版，第245页。

无啊，可不可以这么说？

答：对于平原乡来说，可以这么说。确实困难的人，可以说只有个把子，……除非是60岁以上的冇劳动能力，收入十分低的人。

问：就算他没有劳动能力，但是他有子女，子女要承担赡养义务啊。

答：冇错冇错。个别冇劳动能力又冇子冇女的人就享受了五保（供养待遇）。（真正符合农村最低生活保障标准的）确实就冇啊。

问：真正需要的是不多的？

答：需要这种钱的人十分多，但需要这些钱过日子的人是十分少的。

问：看来低保政策的实际执行确确实实多少有些走样……（被打断）

答：这个我是这样看的，假设按照中央精神来操作，我们富中村本来有20个（低保）名额，但是村里又冇这样的符合条件的人，那硬塞也要把名额分配出去。

问：什么意思呢？

答：如果我们富中村，有20个低保名额，但是二女户冇，残疾人也冇，那你必须要加进去（笔者注：把其他村民列入低保名单）。不加进去（的话）那我也输掉了哦，（这些指标将会）拿到其他村去了哦。

问：就是说，从你们村干部的角度来说，乡里分配的这些指标你们不用，那就成了村里的一种损失？

答：嗯。你说是不是损失啊?!（指标）拿到其他村去了，我肯嘛？

问：按政策原本的意思，低保指标不一定都要使用出去的，有符合条件的咱就保，不符合的咱就不保，比如……（被打断）

答：这个问题是这样，打比方说就你当村长（笔者注：村民习惯地称村委会主任为“村长”）的时候，就你去要的20个指标，当时可能凭了关系，但是到我当村长的时候，他没调走还是民政所长，那上届（村委会）都20个指标，现在就18个（指标），那我也不肯啊。为什么呢，有时候他（民政所长）也要求我们做事，我也要求他做事。（每年的）低保指标只能（增）多，没有（减）少的。

问：一般情况下，每年的低保指标只有增多，不会减少的是吧？

答：嗯。

问：意思就是说，有时候村里的指标有时候会多了？

答：（这个）多也不嫌多的。

——对平原乡富中村村主任 CG1 的访谈

随着访谈的进一步进行，发现 W 县全县的农村最低生活保障对象规模也并非按 X 省规定的保障标准为依据确定。对于 W 县农村最低生活保障对象总数是如何确定的，接受访谈的民政干部并不清楚，大致是在政策执行之初由 X 省按一定的方式计算确定后划分下来。通过对政策文本的梳理，依据 2006 年 7 月 X 省实施农村最低生活保障时“所需省级财政资金按 2005 年底各地农村特困救助人数人均 20 元的标准负担”（见表 3 – 1）分析，当时是按农村特困救助人数确定 W 县农村最低生活保障对象规模，之后保障对象规模与 X 省财政厅、民政厅下达的年度农村最低生活保障补助资金一同指标化地下达到 W 县。根据 X 省财政厅、民政厅《下达 2014 年农村最低生活保障补助资金的通知》显示，W 县农村最低生活保障资金的分配基数（保障对象指标数）在 12069 人的基础上增加了 1554 人，并明确新增的保障对象从第四季度开始发放补助资金。因此，大致可以推定保障规模指标采取“逐级发包制”[①]，省—县—乡（镇）—村之间都是指标化地下达农村最低生活保障对象的保障规模，甚至规定了保障对象领取补助金的起始时间。

问：我们县里实施低保政策之初，保障对象规模是如何确定的呢？

答：先是上面给指标。

问：这个指标是怎么确定的呢？

答：这个我相信怕是有点依据的，好像根据各个年度上报的贫困人口啊，这个基数为基础的，根据全省一个篮子的总的指标，根据全县的人口规模进行分，（确定）以后就是微调。大县就更多，小县就更少，有一定的比（例）在里面制约的，这个怕不是一拍脑袋就定一个基数的。这个我相信上面还是按照累积多年的贫困人口啊这些东西弄出来的，但是这个数字准不准啊就不敢肯定了。

---

① “逐级发包制”是北京大学周黎安教授所提，原意是指政策执行中，从中央到最基层政府（包括具有浓厚行政化色彩的村委会）之间，政策被层层分解、发包、实施。见周黎安：《转型中的地方治理：官员激励与治理》，世纪出版社、上海人民出版社 2008 年版。

问：那县局将这些指标分给各个乡镇又是以什么为依据？

答：一样根据这个人口（的一定比例），农村最低生活保障就指的农业人口（的一定比例）。

——对民政局社会救助股股长 MZ1 的访谈

问：当时没有经过调查的么？

答：不用（调查）的，当时省民政厅是按照城镇非农人口的5%分下来。

问：就是说我们县里没有做基线调查，是上面直接分下来的指标总数？

答：不是，是上级直接分下来的。

——对民政局社会救助股前股长 MZ2 的访谈

问：我们镇里是怎么将低保名额分到下面各村的？

答：农村最低生活保障啊 2006 年才开始比较正常地推广，当时是按人口的百分之几来的，民政系统啊政府啊当时有一个调查，调查这个指数，就是说百分之几（的农村人口）是属于低保线以下的贫困人口。

问：您的意思是说当时确定这个比例还是做过调查的？

答：做过了的。

问：就是说县里也是按这个比例将名额分到镇里，镇里同样按这个比例分到村里？

答：是。

问：据您所知，这个调查是做过的是吧？

答：这个我听他们说过，当时是先摸底，大家将贫困人口先报上来，经过专家怎么计算、预测，反正我也搞不懂，具体就这么来的。但最终就下来一个这样的指标数，当时我记得是5%还是百分之几，我就搞不清楚了，因为那个时候我还没来（笔者注：进入民政系统工作）。等到 2007 年我上班的时候，指标基本就定下了。

——对大河镇民政所所长 MZ5 的访谈

问：农村最低生活保障所需的财政资金，上级政府和我们县级政府之间是如何分担分配的？

CZ1：农村最低生活保障所需资金 = 规定的保障人数 × 人均补助标准，资金来源由上级政府（中央、省）和县级政府按 8:2 比例负担。

CZ2：保障人数由省里统一分配，2006 年（的指标数）已找不到，2007—2013 年 12069 人，2014 年 13623 人。

CZ3：人数什么的不是我们（县财政局）定的，发放对象也不是财政定的。

——对县财政局干部 CZ1、CZ2、CZ3 的访谈

三、原因分析

受访对象普遍反映 W 县的农村最低生活保障标准偏低，其中民政、财政部门的访谈对象将此归因于 W 县没有保障标准制定权限，只能按省政府及民政、财政部门制定并发布的保障标准来执行，这样的解释似乎是合理的。但本书研究认为 W 县保障标准偏低的原因并不在于此，政策文本并没有剥夺各设区市、各县（市、区）制定或调整本行政区域保障标准的权限，如省会 N 市的保障标准就在全省统一标准的基础上有所上调。保障标准的制定虽然具有一定的复杂性，但在技术上并不存在太大的困难。笔者认为在现行保障标准制定方式下，导致 W 县保障标准偏低的原因可以从 W 县政府与 X 省政府两个角度进行分析。

对 W 县政府而言，农村最低生活保障政策执行中上调 X 省政府制定的保障标准意味着本级财政要承担更大的出资责任。2006 年 X 省、W 县农村最低生活保障政策制定、执行之初就明确所需资金在上级政府（中央与 X 省政府）与县级之间按 8:2 的比例承担，并一直延续至今。虽然只需承担农村最低生活保障所需资金的 20%，但 W 县政府仍然没有按要求配套出资。如表 3－2 所示，W 县级财政 2006 年、2009 年与 2010 年完全没有配套，其他年份有的也存在配套不足。因此，在省政府制定的统一保障标准基础上上调本行政区域的保障标准对 W 县而言显然更没有积极性。

表 3－2　W 县农村最低生活保障运行概况

	2006 年	2007 年	2008 年	2009 年	2010 年	2011 年	2012 年	2013 年	2014 年
保障标准（元/年）	840	840	1000	1140	1320	1560	2040	2400	2640

续表

	2006 年	2007 年	2008 年	2009 年	2010 年	2011 年	2012 年	2013 年	2014 年
人均补助（元/月）	25	30	35	65	75	90	105	125	145
保障对象户数	3819	–	–	6675	7624	7095	7768	7910	7922
保障对象人数	8691	12069	–	12635	12686	11723	12795	12953	12794
上级拨款人数基数		12069	12069	12069	12069	12069	12069	12069	13623
上级补助（万元）	111.1	304	633	956	987	1611	1582	1311	1733
县级配套（万元）		54.75	61.50			255	304.14	344.07	420

注：该表由笔者在调查过程中先行整理，然后交由 W 县财政局社会保障股工作人员修正、补充。W 县财政局社会保障股工作人员表示 2006 年上级拨款人数基数（保障对象规模）查找未果。

全省各县（市、区）的经济社会发展水平、农民居民生活水平等不尽相同，X 省制定全省统一的“一刀切”式的保障标准时面临“就高”还是“就低”的选择。“就高”的保障标准在落后县（市、区）存在催生养懒汉的风险，打击当地农村普通居民家庭的劳动生产积极性，同时增加财政支出负担；“就低”的保障标准对农民生活水平处于中等以上水平的县（市、区）达不到应有的保障效果，但可以减轻财政支出负担。在中央政府财政的支持下，X 省政府虽然具备宏观调控保障标准的能力，但顾及县级政府对上级政府财政已经形成的依赖性及保障待遇水平本身所具有的刚性，X 省政府对保障标准的调整（调高）也没有积极性，因为这很可能致使本级政府财政背负较为沉重的压力，如果没有中央政府的财政支持，负担将更为沉重。诚如关信平（2006）分析的那样，与城市最低生活保障或其他社会保障相比，农村最低生活保障覆盖的人群在政治、经济上都很不活跃。考虑到需要一定量的财政费用开支等问题，中央政府对农村最低生活保障这种当时在政治上不具有迫切性，而在经济上却要求一定的财政支持的项目很难被放到优先发展的位置①。这就不难解释在本书的研究中，X 省政府对农村最低生活保障一方面谨慎调整保障标准，另一方面明确规定保障对象规模。

第二节　觅标：倚重村委会的村庄筛选

通过上节的描述可以基本认定 W 县的农村最低生活保障标准执行 X 省的统一标准，保障人数也以 X 省分配的指标规模为依据，所需资金由上级（中央、省）财政与县级财政按 8:2 的比例筹集。在政策实际执行时，W 县民政局将 X 省分配的指标数同样按农业人口的一定比例（约 4.5%）分配至各乡（镇）、行政村，补助金通过当地惠农“一卡通”账户按季度发放到保障对象手中。W 县 2014 年共发放农村最低生活保障补助金 16881404 元，其中第一季度发放 4860993 元，第二季度发放 5646528 元，第三季度发放 5578782 元，第四季度发放 5656094 元。笔者在 W 县访谈期间的第三季度补助金发放情况如表 3－3 所示，全县 15 个乡（镇）共有 7922 户 12794 名保障对象，后面将对保障对象的确定过程进行分析。

表 3－3　　W 县 2014 年第三季度农村最低生活保障运行情况

乡（镇）			户数（户）	人数（人）	发放金额（元）
1	平原乡		197	353	152235
2	大河镇		863	1141	498720
3	北路镇		1044	1540	671895
4	培风乡	普通农民低保	747	1094	477165
		失地农民低保	358	449	195525
5	文宁镇	普通农民低保	104	178	77685
		失地农民低保	651	814	354090
6	邓姜镇		645	1249	543270
7	大同镇		838	1421	618825

① 关信平：“论我国农村社会救助制度的目标、原则及模式选择”，《华东师范大学学报（哲学社会科学版）》2006 年第 11 期，第 29—35 页。

续表

乡（镇）		户数（户）	人数（人）	发放金额（元）
8	贵平乡	313	554	242985
9	桂竹镇	322	502	218400
10	源头乡	336	546	236418
11	临福乡	250	418	181530
12	华元乡	318	571	247443
13	柳雁镇	536	1123	493935
14	隆霆乡	99	251	110946
15	景蕈乡	301	590	257715
合　计		7922	12794	5578782

一、政策文本中对确定保障对象的规定

各级行政机关及其民政等部门制定的政策文本对农村最低生活保障的申请、审核与审批程序都有明确的规定。通过梳理政策文本可以发现，在早期的保障对象确定中，村委会具有举足轻重的作用，W 县人民政府 2006 年制定的《W 县农村居民最低生活保障实施意见》中规定，申请人必须经过村委会对其家庭经济状况核查、评议、公示，无异议后再上报乡（镇）民政所审核、民政局审核。随着农村最低生活保障政策的调整与完善，村委会在确定保障对象中的重要性在减弱。《暂行办法》第四条规定，“乡镇人民政府、街道办事处负责有关社会救助的申请受理、调查审核，具体工作由社会救助经办机构或者经办人员承担，村民委员会、居民委员会协助做好有关社会救助工作”，W 县民政局据此调整了城乡低保程序。W 县民政局印发的《关于调整城乡居民最低生活保障程序的通知》中规定村委会除有需要的申请人委托可以代为申请外，主要是协助乡（镇）人民政府调查核实申请人的家庭经济状况、召开听证会。

申请、审核、审批程序

享受农村最低生活保障待遇要在个人申请的基础上，按照“三查、三评、三公示”的程序办理。

1. 个人申请

农村居民申请农村最低生活保障待遇，以家庭为单位，由户主填写“农村居民最低生活保障待遇申请表”，提供居民户口本、居民身份证、家庭收入状况证明以及其他相关证明材料，通过村民委员会向户口所在地的乡（镇）民政机构提出申请。

2. 村委会核查、评议、公示

（1）乡（镇）民政所委托村民委员会在5个工作日内对申请人的家庭收入和实际生活情况进行核实，并由调查人填写“农村居民最低生活保障待遇申请人员家庭情况调查表”。

（2）召开村民代表会议（必要时可召开村民小组会议进行评议），对申请人的家庭生活状况和核查情况进行民主评议。

（3）将申请人家庭情况和评议情况在村务公开栏公示5天以上。对无异议的，填写“农村居民最低生活保障待遇审批表”并签署意见，连同居民户口本、居民身份证、家庭收入状况证明以及其他相关证明材料上报乡（镇）民政所。对经评议或公示后复审不符合条件的，要书面通知申请人本人，并告知原因。

3. 乡（镇）调查、评议、公示

（1）乡（镇）民政所在收到材料后，采取邻里走访和对村委会上报的家庭收入调查表进行核算等办法，在5个工作日内完成对申报对象有关情况的调查核实工作，并在“农村居民最低生活保障待遇申请人员家庭情况调查表”签署调查意见。

（2）召开评议小组会议，对申报对象的家庭生活状况和调查情况进行审核评议。

（3）将审核评议情况和拟定对象名单，委托村委会在村务公开栏及各自然村公示3天。对无异议的，在“农村居民最低生活保障待遇审批表”上签署意见，并将有关证件和证明材料一并报县民政局。对经评议或公示后复审不符合条件的，要书面通知申请人本人，并告知原因。

4. 民政局审查、评查、公示

（1）县民政局接到申报材料后，应在7个工作日内完成对申报对象材料的审核和重点调查工作。

(2) 召开评审委员会会议，对申报对象的材料和调查情况进行评审。通过乡（镇）之间、村组之间经济发展水平和群众实际生活状况的综合比较，按照常补对象和非常补对象两大类，初步确定保障对象和保障标准（常补对象为老弱病残和丧失劳动能力，靠自身努力难以改变生活状况的家庭；非常补对象为在劳动年龄段有一定劳动能力，通过自身努力能够改变生活状况的家庭）。

(3) 委托乡（镇）、村委会在公开栏及各自然村公示3天。对无异议的，在“农村居民最低生活保障待遇申请审批表”上签署意见，并发给“农村居民最低生活保障金领取证”，从批准之月起领取低保金。对不符合条件的，要书面通知申报者本人，并告知原因。

——节选自W县人民政府2006年颁布的《W县农村居民最低生活保障实施意见》

第十一条申请最低生活保障，按照下列程序办理：

（一）由共同生活的家庭成员向户籍所在地的乡镇人民政府、街道办事处提出书面申请；家庭成员申请有困难的，可以委托村民委员会、居民委员会代为提出申请。

（二）乡镇人民政府、街道办事处应当通过入户调查、邻里访问、信函索证、群众评议、信息核查等方式，对申请人的家庭收入状况、财产状况进行调查核实，提出初审意见，在申请人所在村、社区公示后报县级人民政府民政部门审批。

（三）县级人民政府民政部门经审查，对符合条件的申请予以批准，并在申请人所在村、社区公布；对不符合条件的申请不予批准，并书面向申请人说明理由。

——节选自《社会救助暂行办法》

申请、审核和审批低保的程序

1. 申请

申请最低生活保障，应当以家庭为单位，由户主或其代理人以户主的名义向户籍所在地乡（镇）人民政府提出书面申请。

受申请人委托，村（居）民委员会可以代其向户籍所在地乡（镇）人民政府提交书面申请及其相关材料。

申请人应当履行以下义务：

（1）按规定提交相关材料，书面声明家庭收入和财产状况，并签字确认。

（2）履行授权核查家庭经济状况的相关手续。

（3）承诺所提供的信息真实、完整。

2. 审查

乡（镇）人民政府对申请人提交的申请材料进行审查，有条件的可以根据申请人授权，对申请人家庭收入和财产信息进行核对。根据材料审查和信息核对情况，作出相应处理。

3. 家庭经济状况核定

乡（镇）人民政府在村（居）民委员会协助下，组织驻村干部、社区低保专干等工作人员对申请人家庭经济状况和实际生活情况逐一进行调查核实。

4. 听证

家庭经济状况调查结束后，乡（镇）人民政府在村（居）民委员会的协助下，以村（居）为单位召开听证会，对申请人家庭经济状况调查结果的客观性、真实性进行民主听证。听证由乡（镇）人民政府工作人员、村（居）党组织和村（居）委会成员、熟悉村（居）民情况的党员代表、村（居）民代表等参加。听证人数原则上不得于少于15人，村（居）民代表人数不得少于参加听证总人数的2/3。听证遵循宣讲政策、介绍情况、现场评议、形成结论、签字确认的程序。

5. 审核

乡（镇）人民政府对申请家庭是否给予低保提出建议意见并及时在村（居）民委员会公示审核结果。公示期为7天，公示结束后将相关材料报县级民政部门审批。

6. 审批

县级民政部门进行审批前，应当全面审查乡（镇）人民政府上报的申请材料，并按照不低于30%的比例入户抽查。对拟予批准的，通知乡（镇）人民政府在申请人家庭常住地所在社区或者自然村（组）将拟批准家庭的户主姓名、保障人口、家庭收入及拟补助金额张榜公示7天。公示期满无异议的，发放《最低生活保障证》；有异议的，县级民政部门会同乡（镇）人民政府作进一步核查，并根据核查结果及时作出决定。对不予批准的，书面通知申请人并且说明理由。

——节选自W县民政局2014年印发的《关于调整城乡居民最低生活保障程序的通知》

二、政策执行中的保障对象的村庄筛选

在农村最低生活保障政策的实际执行中，乡（镇）政府应承担的申请受理、审核工作基本委托给村委会承担，乡（镇）政府及民政所更多是在事后监督村委会的工作，因此，保障对象的确定工作基本上是由村委会承担的。因为对村民的基本情况有大致的了解，村委会在确定保障对象时并不会专门开展对申请人的家庭经济状况调查，而是在本村的保障对象指标规模内根据居民家庭的困难程度排序确定救助对象人选，即所谓的“高个子中去挑矮个子”。在这个筛选的过程中，村委会或多或少地都会按政策文本的要求召开会议，对保障对象人选进行讨论，由此争取筛选结果的群众认可度与合法性。村干部基本都会遵循“政治道德”，普通村民也将坚守朴素的公平公正观念，诸如重残、重病以及遭遇突发性事故导致的“真正的穷人”都会纳入保障对象名单。也就是说村里公认的、确实符合保障标准村民即使不能以家庭为单位，也会将个人选入保障对象名单，实现“应保尽保”。村委会将确定的保障对象报乡（镇）民政所审核，乡（镇）民政所再报县民政局审批。通常情况下这些上报的保障对象只要不是显著不符合，都能通过审核、审批。

问：文件规定，要以家庭为单位来计算申请低保家庭的人均年收入，在实际中是否以此为标准确定各村的低保指标？

XZ1：考虑不到，考虑不到的。

MZ3：分的时候，不管是县里也好镇里也好，一般都不去考虑这个因素。都是分到下面各村以后，（各村）也就说从“高（个）子中去挑矮（个）子”，这样的意思去挑。比如说某个村分了50个的话，我就这50个怎么“落下去”（笔者注：分配出去）就可以了，也不用说（到）每家每户核定他的家

庭（人均）收入会不会低于当地的贫困线、是不是符合低保的收入（水平）。不会这样去做的。……低保就不是说应保尽保，有的不合条件的也进来了，但是当保（笔者注：应该保）的也基本上保掉了。低保啊，当符合条件的基本上，不要说100%啊，可以说基本上99%都享受了低保。

XZ1：……两姓人（笔者注：XZ1是北路镇班子成员，挂点联系的小桥村有刘、张两大姓）争村里的指标，因为这边这姓的（笔者注：张姓某村民）呢就还更苦，另外一姓（刘姓）的啊就说“什么都不要去讲了，就你那姓的那个人‘捂上去’（笔者注：指纳入低保、指标给这个村民）了就可以了”。本来呢历史以来啊同个村的这两姓点把子摩擦是不断的，外姓（刘姓）的都说这姓的这个（张姓某村民）“捂上去”了就好了，（说明）这个（张姓某村民）是公认的了，这个一定要保进去，一定是十分苦的了。

问：就相当于村里公认的真正穷的还是列入了低保的？

ZM3：是的，真正符合低保的是列入进去了的，这个是做到了的。

问：“真正符合低保的”是指哪部分人呢？

XZ1：重度残疾的，有重大疾病的，……还有确实有自然灾害啊确实十分苦的，大家都晓得他家里苦的，（以及）刚才讲的公认的那类，这些都“捂到了”，这些不敢动手脚，冇问题的。这个大方向是正确的了，应该这样说。

——对北路镇副镇长XZ1、民政所前所长MZ3的访谈

问：就是说在您的工作当中，您目前没有接到过举报，倒是有要求增加指标给他的？

答：是，我没有遇到过（举报的）。比如说他说“我村里的这个（笔者注：村里的某人是低保对象），我也和他一样的困难啊，为什么我就有？我希望也享受低保啊”（这个倒是遇到过）。

问：这种情况您是怎么处理的？

答：这种情况按程序走。首先要跟村上的书记、村长去讲，村书记就要从全盘考虑，因为作为一个书记、一个村长，他对一个村的村风、村民各方面是熟悉的，他就整盘去考虑。比如说我有5个指标，10个人要，那绝对要谨慎处理这5个，因为不能满足10个人啊。他们内部就晓得了，谁实际是比较困难。

——对平原乡民政所所长MZ4的访谈

问：家计调查可能不怎么能调查准确，家庭外出打工成员的收入是多少你们查不到；有些老人虽然没有收入，但他们子女逢年过节给的赡养费多少你们也掌握不到，乡民政所和县民政局的工作人员也没法掌握。

答：反正最终结果都是以村干部报上去的为依据执行的（笔者注：指最终的保障对象名单是以村委会上报上去的为准，基本不会发生变动）。

问：有没有出现过村里报上去的名单有人举报，或者其他原因乡里派人来审核的情况？

答：乡政府专门来审核的情况（我们村）没发生过，平原乡7个村大约有一半的村发生过村民闹（笔者注：指提出异议）的、上访的，（保障对象名单）通不过的也有。

问：如果咱村的保障对象名单通不过怎么办呢？

答：那就重新来过（笔者注：指相关程序重来一遍）。

问：如果再通不过呢？

答：再通不过？再通不过，那就这样，把名额分摊到每个小组，由各小组去分。

问：咱村里有没有这种情况，把宗族、家族利益的平衡也作为低保指标分配的考量因素？

答：通常情况下低保指标是这样分配的：先解决双女户（笔者注：指二女结扎户）以及二级残疾以上的，余下的考虑谁呢？最典型的啊，党员，老党员要考虑一部分。

问：为什么党员也要考虑呢？

答：有贫困党员。老党员这块要考虑一两个子，还有确确实实像老谢家三小子（笔者注：访谈对象DB1的儿子，患有精神疾病的青年）和大刘的儿子（笔者注：患有先天性软骨病即“瓷娃娃病”的儿童）那类的（即长期患病的）也要考虑。

问：实事求是讲，这两人并不符合低保啊，因为以家庭为单位，他们的家庭人均收入并不低，他们虽然是长期患病，但也不能享受低保待遇。

答：但是这样，我们村看到他们确确实实是这样的现状，给了他们也就给了他们。

问：他俩的情况获得了低保，其他村民会不会有意见？

答：冇意见。大家看到他们确确实实是这样，这就有说法（笔者注：指获得低保待遇有依据）。没有说法就不同了。但如果有慢性疾病也可以考虑。

问：你是不是可以这样理解，虽然在低保指标分配的存在不公平的情况，但村干部在分配的过程中还是基本遵从了老百姓公平公正的价值观的？

答：是的，还是从同情心的角度考虑了指标分配的。打比方说老谢家的三儿子和大刘家的儿子，大家也不希望自己的孩子这样（患病）啊。像比如刚才讲的老党员和慢性病啊，也不是说党员一定要高风亮节，十分困难的党员、年纪比较大的党员是可以考虑（给予低保待遇）的。……这个（低保）政策是这样子……，决策（笔者注：指确定保障对象）不是我决策的，你说是不是？决策是全体村民决策的，像比如说村民代表大会啊张榜公示啊。

问：村里到底是怎么做的呢？

答：就原有（保障对象的）基础上，或者谁划掉去，或者谁新进来。

问：要不要开会讨论呢？

答：肯定要哦。

问：都哪些人参加呢？村民小组先开，还是全村一起开？

答：就小组长、村民代表、（村支）两委干部、党员。

问：这些人集中起来开会决定低保名单？

答：嗯。

问：讨论决定之后，会议记录大家要不要签字？

答：要的啊。（会议记录及参会人员签字确认）有的，全部有的，这是冇“咦嘻”（笔者注：方言，指不会忽略，必须做到）的。

——对平原乡富中村村委会主任 CG1 的访谈

三、原因分析

农村最低生活保障的申请受理、审核程序异化的原因是多方面的，除前述的保障标准偏低与保障对象规模指标化相冲突外，还有以下原因。

一是家庭经济状况客观上无法准确核定。申请人的家庭收入状况、财产状况核定是公认的难题，有的学者认为相比城市最低生活保障，农村最低生活保障申请人的家庭经济状况核定更为复杂（吕学静，2008）[①]，有的学者甚至认为农村居民家庭收入的测量是一件几乎不可能的事情（徐月宾、张秀兰，2009）[②]。这主要是与农村地区特有的生产生活方式有关，包括种植养殖生产周期长、实物收入难以货币化、农产品市场价格波动大、临时性（季节性）务工报酬现金结算等。因此，即使按《暂行办法》的要求建立申请和已获得社会救助家庭经济状况信息核对平台，对农村居民家庭的核对准确度也会大打折扣。再加上申请人的故意隐瞒行为，准确核定其家庭经济状况的难度将较大。

问：您所里多少个编制？

答：编制是5个人。

问：实际在岗多少个呢？

答：在岗就2个，还有2个就局里借调，还有1个（编制）就冇人。

问：根据您多年的工作体会，您觉得低保日常管理中最大的问题是什么？

答：日常管理最大的问题，我们叫老百姓做什么工作，他们不支持。比如说我们的低保要搞公平来，你的家庭收入肯定要向我开放，我了解情况（的时候），你要实事求是，我才有（准确的）判断啊。问题是这一块十分难做到啊，老百姓不配合。

问：您说的“老百姓”是指低保对象还是非低保对象，或者是正在申请的？

答：享受着的就有这种情况，想享受的人也有这种情况。周围的人说的就更古怪了，怎么说的都有。比如说我们下村的时候，到他家了解不清楚的我们也会周围了解，周围的人有时候说的就相互矛盾的，这个人说他很有钱，那个人说他确实困难，也弄得我们不知所措。（调查）经济状况就冇办法，刚才讲的子女出外面去了（外出工作）的，我们经费也不足，没办法说他走到哪里我们就跟到那里去（核查），我人（手）也不够，真的这么做的话，就5个人

① 吕学静：“完善农村居民最低生活保障制度的思考”，《经济与管理研究》2008年第1期，第73—77页。

② 徐月宾、张秀兰：“我国城乡最低生活保障制度若干问题探讨”，《东岳论丛》2009年第2期，第32—37页。

都不完，也没办法做。所以只能就问一问，总想啊出外面的总比家里的更好（笔者注：指一般来说外出工作的总比家里工作的赚得多），基本上就这样判断，呵呵……说自己困难的，子女又出外面去了的，（我们的）第一想法就是这样。

问：您觉得应该怎么来完善家庭经济调查难的问题呢？听说我们县里也即将组建家庭收入核查中心。

答：我认为如果不是上门核的话，自愿报的话，也一样的。我们下村里看都那个（难），都要坐下来慢慢地聊才能套出点信息来，你说等他自愿来，更加不可能的。但是，如果成立核查中心，与我这毕竟是两个部门了，对社会就有一种交代，就不会说我们这么“黑暗”，最起码是第三方出来的数据。

——对大河镇民政所所长 MZ5 的访谈

二是基层民政部门农村最低生活保障工作人员短缺。W 县各乡（镇）民政所普遍存在工作人员配备不足、工作人员被包括县民政局在内的上级机关借调的情况，如北路镇民政所核定编制 5 人，在编 5 人，但被县局借调 3 人，实际在岗 2 人，全镇有 1044 户 1123 名农村最低生活保障对象；平原乡民政所核定编制 4 人，在编 2 人，其中 1 人借调县局（后又借调至县政府办公室），实际在岗仅所长 1 人，全乡有 197 户 353 名农村最低生活保障对象；大河镇民政所核定编制 5 人，缺编 1 人，借调县局 2 人，实际在岗 2 人，全镇有 863 户 1141 名农村最低生活保障对象。乡（镇）民政所实际在岗人员除了要承担农村最低生活保障工作外，还要承担其他民政工作。而事实上乡（镇）工作点多面广，错综复杂，民政所工作人员同时还要配合当地乡（镇）党委、政府的其他中心工作。不但是乡（镇）民政所，W 县民政局社会救助股人员同样短缺，在岗的 6 人中除了股长外，从婚姻登记处借调了 1 人，从乡（镇）民政所借调了 2 人，1 人是临时工，1 人是随时都可能离开的实习生，另外，在岗的 6 人中仅股长是局机关公务员编制。农村居民家庭经济状况核定客观上存在相当难度的情况下，基层民政部门农村最低生活保障工作人员的短缺，很容易导致经济状况核查“走过场”或简化审核手续、减少审核内容①。

① 杨立雄：“经济状况核查制度面临的问题及对策”，《中国社会报》2013 年 10 月 21 日第 3 版。

问：听说所里包括您在内本来有2个人的，后来1人借调去县局，现在就剩下您1个人了。

答：原来是4个编制，4个编制没有配足，就3个人。3个人呢，其中就有一个大学生村官，因为我们是垂直管理，所以他就借调到了县局，还有1个老阿姨，去年5月份退休了。目前就我1个人。

问：刚才您说民政所现在是直接隶属于县民政局的，那为什么您还要参加乡里的果树病虫害防治工作？

答：我们本来就乡（镇）政府的人，我的编制在乡政府，供给关系在民政（局）。

问：您的工资是哪里发的，是乡里还是局里？

答：工资关系在民政局，人事管理在乡政府。但有一条，乡镇政府的工作，不能够做到像机关那样各人做各人的。就我的工作也是一个人应付县局的八九个股室，他们都认为十分重要的工作，最后都要我一个人去完成，他们各个股室的工作汇聚起来都是我这个民政所长一个人来完成。民政所呢，也要兼顾乡里的中心工作，这个是一定要配合的哦，一定要的。

问：那您说的这个不是真正意义上的垂直管理哦。

答：我们不是真正意义上的垂直管理，我们的编制都在乡里。但是有一条，下到乡镇的时候，不管是谁都要服从党委、政府。因为乡镇政府，大家都垂直管理，它去管谁哦，它的工作谁去做？因为很多东西冇办法分清楚的。比如说我是水利员，难道我只管水利，其他什么都不搭（笔者注：管，参与）的咩？在乡镇，什么突发事件要冲前面，有什么维稳（任务）大家也要冲上前去，计划生育突击的时候大家也要冲上前去，这个十分正常。

——对平原乡民政所所长MZ4的访谈

第三节　干预：人情保、关系保与政策保

农村最低生活保障对象的村庄筛选并不能保证筛选结果的公平、公正，因为筛选过程受到人情、关系的干预。同时，村庄筛选只是确定农村最低生活保障对象的方式之一，县、乡（镇）两级政府为了促进中心工作的完成，也会

扭曲性地执行政策，干预保障对象的确定。

一、“违规”的人情保、关系保

人情保、关系保是指家庭经济状况不符合申请条件的居民因为人情、关系而获准成为保障对象。人情保、关系保产生的原因是多方面的，既包括低保内部工作人员借助职务便利主动实施的，也包括低保外部其他人员利用自身影响干预实施的；既有包括居民主动寻求的，也有包括居民被动收受的。同时，低保工作人员与居民对于人情保、关系保有不同的界定，后者通常以村里公认的保障对象为参照，他们认为凡是经济状况比参照体更好的村民（家庭）进入保障范围的属于人情保、关系保，部分非低保对象直接将与自己经济状况相当甚至更好的村民进入保障范围的视为人情保、关系保。

问：按照您在低保股（笔者注：社会救助股的前身）工作七八年的感受，我们低保工作存在的最大问题是什么？

答：存在的最大问题呢是基本（政策）把握不够，下面呢村干部啊和乡（镇）一级啊更难把握。因为呢民政局作为一个局机关，必经是管全县的事啊，千家万户是不可能让民政局去掌握啊。一个呢是延长“手脚”到乡（镇），尤其是到民政所。民政所呢合起来才几个人，管不了（整个）乡（镇）的事，又依托最基层的党支部、村委会啊，但是村委会啊不是很好地把握党的惠民政策。一个（现象）呢是优亲厚友，扶助自己的亲戚啊朋友啊。有一个村是最典型的，一共 21 个低保指标，他（村支部书记）家的亲朋好友就占了 19 个。后来是群众告状，本来这个书记应该是列入公务员的考察对象，后来转为事业的干部了。但是我们 173 个行政村都有诸如此类的现象，有的严重，有的轻一点，有的呢就比较公平一点，有的呢确实一点都不公平。发展到什么地步呢，换一批村干部就换一批低保对象。（当时）发展到这种程度喔，到现在都还是这种程度。

——对县民政局社会救助股原股长 MZ2 的访谈

从 W 县的调查来看，出现人情保、关系保，主要有以下几种情况：

第一种是上文指出的保障标准低、家庭经济状况核定困难且实行保障对象规模指标化，这直接导致农村最低生活保障政策可操作性差。最常见的一种

“无奈”情形是几户申请家庭的经济状况相似，但因指标有限而面临取舍，这时候往往与当地党委（包括村支部）、政府（包括村委会）、干部（包括村干部）关系融洽的村民（家庭）优先获得低保指标。这种情形下没有获得低保指标的村民（家庭）有一种被剥夺感，一般都会抱怨地认为这种是人情保、关系保，但当地干部通常并不认为这是人情保、关系保。

问：好些村干部反映了工作中的一个困惑，比如说几户申请人的家庭经济状况一样或类似，到那时因为给了其中的与村干部确实有亲属关系的或者是支持村里工作的申请人，别人看来这就是所谓的关系保、人情保。像这样的问题，您认为应该怎么来处理？

答：所谓的关系保、人情保不是指这块。符合条件的，我跟你更熟，拿给你，无可非议，这个是属于很正常的。所谓的人情保、关系保，是指不符合条件的都给了他。……大家都符合，但毕竟有这个指标的限制啊，我跟你（关系）更好，我先给你，这个基层干部完全可以这样。这个情况有，有这个有先有后的问题。这个我们都很认可，现在我们很困惑的就是按照这个制度，很不符合的都能搞得进。因为这个风气啊形成，受政策保的影响，大家啊会去攀比，有一部分不符合的进去了，我比你更穷更苦的有，心里就不平衡了。所谓的关系、人情，各级领导打招呼的大量存在，各方面的因素综合在一起，救助工作是相当难做的。

——对民政局社会救助股股长 MZ1 的访谈

问：如果有人情保、关系保，您觉得原因是什么？

答：这个怎么说呢，这里讲啊，我也不是说否定村级干部的这种素质。村级干部普遍存在短期行为，比如说我当到（村干部）了，那 3 个都很困难，（其中）这个呢就（是）我的亲人，同样的困难，我给我的亲人，我认为是合情合理的啊，指标就没这么多，这个像不像人情保呢？但实际过程中又好像有合理的部分：3 个人要我 1 个人（笔者注：指 3 个村民申请低保，但指标仅有 1 个了），指标没那么多；这个人我比较了解，我给他了，我认为还是合理。

——对平原乡民政所所长 MZ4 的访谈

更支持工作的，比如公益事业的征地，他会拿出来的，说得不好听点我肯定会“捂”给他。（打比方说）就 2 个人条件相当，（其中）1 个人他就不拿出来，（提出）要很高（补偿）的标准等等（要求），而这个人呢他会主动拿出来，那（从）2个人（中）选择的话，那肯定是这个支持工作的人。因为这样对村风民风才有利啊。（如果）我“捂”给吊儿郎当的人，大家会对我们整个政府整个村的治理啊会怀疑：“（难道）要生事的才更好?”（这种情况下）肯定会不同，哪怕是这个人条件稍微更好点，我都会拿给这个人而不是那个生事的人。就这样的，这是十分正常的事。

——对北路镇政府副镇长 ZX1 的访谈

面广的话，（比如）10户的话，其中（肯定）就有五六户档次差不多的。（既然）档次差不多，就涉及人情关系了，比如说我当了个村干部，虽然和你不是亲戚，你更支持我的工作，我优先照顾，这算不算人情关系啊？5户人条件都一样，我照顾你也正常：我布置的工作你都支持我拥护我，其他那4户就时时都和我唱反调。这个是十分正常的哦，反正救助的面一广，基层操作的难度就加大。

——对平原乡政府驻村干部 ZX2 的访谈

第二种是部分村干部在保障对象的确定过程中存在显著的优亲厚友，甚至将低保资源私有化的情况，用于个人的公关、交际。传统的“人情面子”对当前政策的有效运行无疑具有不容忽视的影响①，村干部这种用“感情”来确定保障对象的行为，如夏书章所言，将感情夹杂在政策运行中，往往就扰乱了政策的执行②。同时，也有各级领导干部打招呼、批条子，干扰保障对象确定的情况。这种违规的给予明显不符合救助条件的家庭（村民）救助资格的行为是广大群众深恶痛绝的，同时在群众中造成的负面影响也是最为严重的。

问：按我们刚才聊的，如果让你们两委干部来执行的话，政策走样了。

答：其实也不是我们走样了。走来走去，我们是最后一次走样的。

问：怎么理解呢?

答：首先是顶上（指上级政府）开始走样，本来像你说的，计划生育二女户的不该考虑进来（指给予低保待遇）的，是不是，它（指上级政府）先

① 丁煌：“传统的‘人情面子’观念及其对当前政策执行的影响”，《行政与法》1997年第3期，第46—48页。

② 夏书章主编：《市政学》，高等教育出版社1991年版，第156页。

走了一下样（即走样了），再往下又走一下样，再往下又走一下样，走来走去，到我们村里，我们又走一下样。我们或者是为了个人关系啊个人利益啊，确确实实……（电话响，访谈对象停下来接听电话）没有什么标准来界定他，怎么弄都是有标准的（笔者注：指按家庭经济状况来认定申请家庭过是否具备低保待遇资格无法操作，除此之外有没有其他的有效方式）。有些人别墅住着也领低保，（这种现象）有哦，你去问问，培风乡就有。这种低保应该是和村干部的利益有关系的。

问：这种现象可能是刚才讲的那样，他们不是冲着低保补助金去的，是为了低保政策背后的其他优惠政策去的。

答：他（即住别墅的人）就是认为"你（村干部）没有照顾我，你就没把他当作培风乡的一个名人来看待，你看我这个老板不起！"

问：是这种心理啊？

答：是啊。如果我拿给你去了，就说明我记着了你——"你看得我起，我也看得你起"。

——对平原乡富中村村委会主任 CG1 的访谈

问：按照您这几年的工作心得来看，低保在基层的执行或管理，它最大的问题是什么？

答：最大的问题也就是说，各级领导（一是）要重视，二呢（领导）自己也要以身作则，不要乱批示，不要乱干扰，这个才是关键。如果领导都没有带好头的话，下面具体操作的人不好做啊。第一是具体操作的人不好做，第二个呢下面的领导啊，村里（的领导）也好镇里（的领导）也好，他们会学样——"上面都不太认真，那我也不太认真"，是不是?! 实事求是，比如说我们局里局长呢原则性不是十分强，有时候呢别人"讲啊子"（注：指求情）就批了，所以下面的低保（工作）就不好做。比如说前年清理整顿以后，（低保工作）更好了，现在又增加了一些关系户。

问：您原来在所里工作的时候，有没有领导给你打招呼的？

答：有。

问：那这种情况，一般你是……（被打断）

答：这个有时候不好办，反正更大的（领导）比如说我们局长签了字的话，毫无疑问要给他办哦。我们的工资都是他发的，我们要他管（笔者注：指要服从局长的管理），他的（批示）都不办?！是不是，这个就是会存在的。

——对北路镇民政所前所长 MZ3 的访谈

问：这个跟我们的通常说的“熟人社会”“人情社会”是否有关系?

答：是，有关系。很多都是镇里（干部）统一说下来的，“这个是我的什么亲戚，拿一个低保给他”，很多就是这样的。很多时候就一两句话，比如说我在镇里（工作），我跟我村里的书记、村长说：“这个是我的亲戚，（你们）拿个低保给他。”

——对大河镇松涛村普通村民 PT4 的访谈

第三种是在村两委干部选举中，候选人将低保指标当作一种资源来拉选票①。近年来随着中央对“三农”问题的重视，农村的经济社会发展取得了长足的进步，两委干部成为抢手的“香饽饽”。首先是村干部待遇水平上升了，定补干部不但可以按月领取列入财政预算的报酬，而且享受比普通村民更为优越的社会保险待遇，如专门制定村干部的养老保险。其次是村民通过村干部的职务平台获得一些社会资源，同时对相关政策知道得更早，了解得更透彻，掌握得更全面。随着惠农项目的日益增加，村干部参与的资源分配活动日益增加。在这样的背景下，村级两委干部的竞选日益激烈，有的参选人甚至贿选，承诺给予支持当选的村民低保指标也成为其中的一种方式。

问：您觉得村里的低保存在哪些问题?

答：现在很多这样的，和这个挂钩子的哦——“你选我啊，你选我当书记，我当到了拿个低保给你！”

问：你村里有这样的啊?

答：有，很多村都有这样的。“你选我当村长啊，我搞个低保给你！”原先松涛（村）有这样的（例子），也是村干部这么搞的。以前的（某个）村长有点“无奈”（地说）：“我当（指参选）村长的时候大家都出了力，但低保指标有限，指标就 1 个，补助金月月你们两家人分。”

——对大河镇松涛村村民 PT4 的访谈

---

① 赖志杰：“‘瞄偏’与‘纠偏’：社会救助对象的确定——以最低生活保障制度为例”，《理论探索》2013 年第 2 期，第 73—76 页。

问：还有一种说法说村里的低保对象名单平时不会变动，一般要到村两委换届，新一届班子上任了，才会有大调整。您对此有什么看法？

答：这种现象存在。

问：为什么会这样？

答：是这样的，他们动（笔者注：指调整）的这部分人呢，基本都是那种不是很符合的，都通过人情、关系给的。相当于是上届班子给的，我当主任、书记，我有伙亲戚朋友，你（笔者注：上届班子成员）下去以后，抹掉（你给的那些人情保、关系保），把我的一帮亲戚朋友纳进低保来。但是呢确确实实符合的他们不敢动的，这个确确实实符合的谁都认为他就应该享受低保的，这些也不敢动，（否则）会受到谴责的。现在的村干部会受到互相制约的，确确实实很穷很苦的不给他，会受到全村人的谴责的："你当什么当，当个书记当个主任，天理都难容。"很穷很苦的，他们（村干部）会给他。但是硬套的话（笔者注：指真正按低保政策文本执行），就是有一部分不符合的，他们是能空出一部分指标的，这部分指标的分配对他们来说就是利益分配的问题了。抹掉他们（笔者注：指上届班子的人情保、关系保对象），他们没意见的哦，为什么呢？（他们会说）"哎呀，我的哥没有当了"，或者"我的叔伯兄弟没有当了"，"是要抹掉，我也认了，你的（亲戚、朋友）当上了，你去享受啦"，或者把他的抹掉了，（他会说）"没办法，我的票都没投给他"。哎呀，今年又讲要换届哦。这块我知道的，因为我以前在社会事务股搞村委会换届选举是知道的，村干部一换，紧接着低保对象也换哦，呵呵……

——对民政局社会救助股股长 MZ1 的访谈

当然，还有一些人情保、关系保是现任村两委班子对往任班子成员的贡献的一种肯定。但在笔者看来，这并不是一种显著的人情保、关系保，因为它通常是村两委班子的集体决定，往往也能得到村民的认可。

问：已经卸任的村干部，有的经济条件不好，有的经济条件还可以。我们村里会不会因为考虑到卸任村干部对村里的贡献，不论其经济条件好坏都主动给予其低保待遇的？

答：这个也有。就刚才讲的，毕竟突出的人就那么一些（笔者注：指符合低保要求的村民很少），也有这种照顾性质的，村里对这部分人主动关注一下。确实有老村干部实实在在地为村里工作了三四十年，可以说是一辈子了。这些老干部（退）下来一个月好像就领几十块钱哦，这块呢保障没有跟上，上面这方面也要考虑一下。

——对大河镇洪北村支部书记 CG3 的访谈

二、“合规”的政策保

民政部门将“少数地方政府把低保作为福利手段或处理上访、拆迁等疑难问题的安抚措施，不加区别、不经收入核查，直接将某一群体纳入低保”的现象称为搭车保[①]，W 县干部、群众将这现象称为政策保。政策保不受政策文本中规定的申请条件的限制，而是根据当地政府及主管部门的规定直接纳入保障范围，在当地一般认为是“合规的”。政策保主要是当地政府为了推动中心工作的开展而给予认定并推广的。W 县的农村最低生活保障还存在一部分政策保，当前主要是失地农民低保与二女结扎户低保。另外 W 县还存在少量的移民低保，以及为处置突发事件而给予当事人低保待遇。

我们县里呢又有政策保在作怪。一些失地农民、移民，还有那个纯女户结扎，这些人都要求（给他们）享受低保。不是说你失地农民我就要给你低保，（只要）符合身份，我不管失地不失地，我不管你库区移民不移民，我不管你纯女户不纯女户，我都拿给你。但是现实当中，党委、政府为了工作好做啊，为了地好征收啊，为了计划生育抓得上啊，给低保！这个就是政策保在那里作怪。

问：您刚才说的给二女结扎户、拆迁户、移民户的政策保大概占到了我们全县低保规模的多少比例？

答：起码有 1/5 左右。这部分人很富有，造成的影响是极坏的哦。但是这个是上级领导定的啊，县政府定的啊。

——对民政局社会救助股股长 MZ1 的访谈

（一）失地农民低保

近年来 W 县的城市化、工业化进程在逐年的加快，工程建设用地规模呈现井喷态势，征收了一批土地、房屋。这些用地主要用于三个方面：一是城市

---

① 李玉梅：“改进低保管理，确保公正实施”，《学习时报》2012 年 11 月 19 日第 1 版。

配套工程，如保障性住房、桔文化公园等项目的建设；二是城区（文宁镇）东扩，城东新区（大部分属于培风乡）的建设；三是城南工业园区、果品交易市场、物流中心等大型重点工程项目的建设。为了确保这些项目所需用地，推动工程如期开工建设与完工，W 县委、县政府高度重视土地、房屋征收工作，在早期甚至不惜动用低保资源，将土地、房屋被征居民家庭成员属于非农业户籍的纳入城市低保，属于农业户籍的纳入农村最低生活保障。但各项工程建设用地规模在持续扩大，如 2014 年共安排城建重点建设项目 22 个（其中新建项目 14 个），社会发展项目 12 个（其中新建项目 11 个）[①]，规划到 2015 年使城区建成面积达到 11.5 平方公里，城市人均道路面积达 14 平方米，新增公共绿地面积 2 万平方米[②]。如果继续占用城乡低保救助资源用于配合土地、房屋征收，将影响文宁镇、培风乡甚至全县的最低生活保障工作。W 县委、县政府主要领导在民政局的据理力争之下转而建立失地补助制度，对新增房屋、土地被征家庭参照城乡低保补助金标准，由县财政安排专项资金发放，但对已纳入城乡低保的继续保留其待遇资格。

问：指标分到个乡（镇）了，然后有工程项目要征地导致政策保，那这些指标怎么解决的呢，是向上要指标么？

答：这个有的哦。一般修公路的不在我们县城的征地范围，文宁、培风好多年前就叫作“失地低保”，我们建议呢这个是和上面违规的，现在就改为“失地补助”了，这部分钱呢专门由县财政出，它不限指标。

问：就是说“失地低保”现在没有了么？

答：但是以前的留下来了，现在实施的就不说“失地农民低保”了。原来的就保留，新增的改为“补助”而不受名额限制了。只要符合补助的，造好表，不受名额的限制，县财政会补，参照我们的低保标准。

问：就是说“失地补助”也不占用低保资金了？

答：是。但是呢以前留存的 1000 多人呢，1260 多（人），这部分人呢就还留存在这里。

——对民政局社会救助股股长 MZ1 的访谈

---

① 资料来源于 W 县城乡规划建设局《城建局 2014 年工作总结》。

② 资料来源于 W 县城乡规划建设局《2015 年城建工作思路》。

W 县农村最低生活保障中的失地农民低保没有在全县范围内普遍实行，仅在文宁镇、培风乡实行。这是因为动用低保资源用于土地、房屋征收，必须涉及重点建设项目，并获得县委、县政府的支持。而 W 县的城市规划区分布在文宁镇、培风乡，涉及城市建设、经济发展的重点工程项目基本分布在城市规划区及邻近的郊区农村，如文宁镇 2013 年为保障 W 县 7 个重点工程项目用地，全年完成土地征收 433.7 亩，房屋征收 3449 平方米[①]。其他乡（镇）的土地、房屋征收工作的重要性并不会上升到县级层面，同时民政局也在极力捍卫低保工作在这些乡（镇）的相对独立性，因此 W 县的失地农民低保没有在其他乡（镇）出现。

问：根据您多年的包括您之前在社会事务股的工作体会，您觉得相对于计划生育、维稳来讲，基层对低保工作重视不重视？

答：这个比不上这两项工作哦，不要说救助工作，就是整个民政工作啊都不是十分重视的哦。比起维稳、计划生育、征地、拆迁，包括当前的土坯房改造，民政工作是摆到比较末位的。现在的领导就是这个理念——民政是“万金油”，冇呢不行，有呢抹一下就比较凉爽，呵呵……

问：听说有些地方连处理信访也借助于低保，用低保待遇来安抚上访对象。

答：现在的领导经常这样做工作的哦，但是呢这方面我们也挡掉很多，我们的领导也挡掉很多。有的县领导也不懂法的哦，有的乡（镇）为了征一块地，比如圩镇建设要拆迁要征地，名单造出来，镇里给县领导一批，县里转给我们民政局落实，像这样的我们就挡掉，这个纯粹是政策保啊。何况这个又不是在县城规划区内，是在乡（镇）啊，这个乡（镇）要了，其他乡（镇）也要，口子一开，没人挡得住，是不是。失地补助县里是规定了的，其他乡镇的县财政不出这个钱。这个钱怎么解决呢？给他们补助（的话），没有别的钱挪得出的哦，要挪其他的钱，现在的财经纪律又这么紧。所以呢现在群体的、个别的、三三两两的领导批示的，都会挡掉，我们十分为难，我们的（局）领导也为难，哎呀……（叹气）

——对民政局社会救助股股长 MZ1 的访谈

---

① W 县《文宁镇 2013 年年鉴（大事记）》。

问：您对政策保怎么看？比如将征地拆迁户、二女结扎户纳入低保。

答：哦，这个是一个问题。这个呢好像是有一点负面影响，县里的负面影响、乡（镇）的负面影响（是）把民政局的救助对象指标啊作为化解矛盾的一个重要指标（方式、途径），比如说这个拆迁户、钉子户，就做这个工作。农村人口的我给你农村最低生活保障，比如3个人1家，更老的（家庭成员）我给你2个，（或者）1个（名额），好像呢是把民政局的救助对象名额啊作为解决矛盾、做中心工作的一种手段一样。所以呢这个指标呢占用了好多，这个是负面影响的东西。我们县里啊，随着城市（化）进程、道路拓宽，征了好多农田，本来呢应该县政府出钱来解决（被征地农民的）后顾之忧的，但是我们（县）财政呢就有困难啊拿不出这个钱啊。有的是应该开发商承担的，但是呢已经拿给政府承担，政府呢又拿不出这个钱怎么办？就拿民政局的农村最低生活保障指标来解决这些人（的部分生活问题）。比如说新鼓村、西岭村、长平村、城北村、城东村、城南村（笔者注：这几个村子都在W县城市规划区内）都有这种情况，就解决了好大一部分，不过呢陆陆续续县里面逐渐减少，出了一部分钱，县里也出了钱。不能够占得过多，占得过多，（指标）就冇了啊。

——对民政局社会救助股原股长MZ2的访谈

W县将农村房屋、土地被征家庭成员纳入农村最低生活保障的做法对文宁镇、培风乡及全县的低保工作造成了不同程度的影响。W县2014年第三季度农村最低生活保障补助资金发放数据显示（见表3-4），共有失地农民低保1009户1263人，分别占全县农村最低生活保障户数的12.74%、人数的9.87%，约10%的农村最低生活保障补助资金用于失地低保；文宁镇失地低保户数、人数分别占该镇农村最低生活保障户数的86.23%、人数的82.06%，约80%的农村最低生活保障补助资金用于失地低保；培风乡失地低保户数、人数分别占该乡农村最低生活保障户数的32.40%、人数的29.10%，约30%的农村最低生活保障补助资金用于失地低保。

（二）二女结扎户低保

修正后的《人口与计划生育法》自2016年1月1日起实施，在此之前提倡一对夫妻生育一个子女，赋予省级人民代表大会或者其常务委员会制定可以生育第二个子女的具体办法。《X省人口与计划生育条例》规定，双方均为农

表 3-4　　W 县 2014 年第三季度农村居民失地低保救助金发放表

失地农民低保		户数（户）	人数（人）	发放金额（元）
文宁镇	普通农民低保	104	178	77685
	失地农民低保	651	814	354090
	全镇合计	755	992	431775
	失地低保比重（%）	86.23	82.06	82.01
培风乡	普通农民低保	747	1094	477165
	失地农民低保	358	449	195525
	全乡合计	1105	1543	672690
	失地低保比重（%）	32.40	29.10	29.07
W 县	普通农民低保	6913	11531	5029167
	失地农民低保	1009	1263	549615
	全县合计	7922	12794	5578782
	失地低保比重（%）	12.74	9.87	9.85

民且只生育 1 个女孩的夫妻在领取《再生一胎生育证》后，可以再生育一胎。本书中的“二女户”即指在 2016 年 1 月 1 日之前生育 2 个女孩的农村居民夫妇家庭。国家、X 省与 W 县的政策文本均提出“实行计划生育，以避孕为主”，并未规定二女户必须实施结扎手术，《X 省人口与计划生育条例》仅提出“已生育两胎的，提倡选择以结扎为主的长期避孕措施”。W 县的农村地区有较为严重的“重男轻女”思想，育龄夫妻普遍希望生育男孩，即使已经生育 2 个女孩，绝大部分也会坚持计划外生育，以期生育男孩延续“香火”。

计划生育在 2016 年 1 月 1 日之前是必须得到有效落实的基本国策，W 县委、县政府为了完成上级政府下达的人口与计划生育工作任务，对各乡（镇）党委政府、县委各部门、县直（驻县）各单位组织实施严厉的人口与计划生育工作目标管理考核，给予考核不达标的乡（镇）、部门、单位从“限期整改”到“黄牌警告”再到“一票否决”的处罚。尤其是各乡镇面临巨大的人口与计划生育工作压力，比如“一票否决”意味着乡（镇）主要负责人免职，分管领导视情况处理；两年内乡（镇）不得评为综合性先进或授予各种荣誉称号；主要领导和分管计划生育工作的领导当年考核评定为不称职，全体在职干部不得提拔和重用，不得交流任原职级职务，并扣罚第 13 个月奖励性工资；

是后备干部的，取消后备干部资格①。因此，为了稳定低生育水平，应对“人口出生率”“出生政策符合率”指标的考核，各乡（镇）在政策实际执行中明显倾向于对“二女户”实施结扎手术，以避免出现“节外生枝”的计划外生育②。同时，W县也按上级的统一部署并结合本县实际情况制定实施了计划生育利益导向机制，以期通过奖励、优惠、优先、扶持、补贴、减免等方式，给予履行计划生育义务的家庭多方面的优惠、优待和照顾，达到激励生育主体自觉实行计划生育的目的。

W县的“二女结扎户低保”便属于在计划生育工作及执行计划生育利益导向奖扶政策过程中出现的偏差行为，即不对二女结扎户家庭经济状况调查的情况下，“不分青红皂白”地将其纳入农村最低生活保障范围。笔者通过查阅W县人口与计划生育方面的政策文本，并没有发现违规规定，W县委、县政府仅要求民政部门将生活困难的二女结扎户优先纳入农村最低生活保障范围，但事实上W县、乡（镇）、村三级及民政部门均默认并实际执行着“二女结扎户低保”。从笔者的访谈来看，各行政村只是纳入的程度不同，低保对象指标“宽裕”的村将二女结扎户全家（4人）全部纳入低保，指标“紧缺”的村则给予二女结扎户2—3个指标。有的村在早些年将二女结扎户全家纳入了低保，但随着二女结扎户及其他符合保障条件的困难家庭（村民）增加，逐渐将二女结扎户家庭的保障指标从4人减少为3人、2人，但基本都能确保其至少享有2个指标。

①每月向县人口计生部门通报结婚和离婚登记情况，属再婚的还需通报夫妇双方再婚生育子女情况。

②每月向县人口计生部门通报死亡登记情况。

③每月向县人口计生部门通报抱养办理情况。

④应将已扎二女户家庭优先纳入低保对象。

⑤审批城区居民低保及发放属计划生育重点服务对象的低保金时，要查验

① 《中共W县委 W县人民政府关于印发2013年人口和计划生育工作意见及县直驻县单位、乡（镇）人口和计划生育工作目标考核方案的通知》。

② 虽然可以对计划外生育行为征收社会抚养费，获得部分财力支持，但在人口与计划生育工作目标管理考核达标的情况下乡镇才有动力追求社会抚养费。

《计划生育证明》。

——《中共 W 县委 W 县人民政府关于印发 2013 年人口和计划生育工作意见及县直驻县单位、乡（镇）人口和计划生育工作目标考核方案的通知》中对于民政局协助人口与计划生育工作中的履职要求

问：二女结扎户低保指标是否受到限制？

答：二女户是这样，它报上来是在指标里面去调整。

问：就是说如果有新增的二女结扎户，给他们的低保指标从各乡（镇）现有的低保指标规模中去调整？

答：对，自己去调。我也没指标，我也不会额外给你。你可以把不符合条件的核掉。你为了（计划生育）工作好做拿低保给他（她），你乡（镇）层面去处置，我不管。你说二女户（要增加指标），我也不批，我们掌握的尺度呢是你在现有的规模里去控制。不是说无限制再多也给，这个我们目前做到了总量控制，他们自己去调，因为乡镇、村里他们自己知道有些低保是符合的有些是不符合的，家里有两个三个（指标）的，做下工作："你家里的条件可以了，拿出 1 个来，那家要结扎的了。"

问：所以说你们县民政局、乡镇民政所和村里的关系是十分微妙的哦。

答：三个儿子不养（父母）的（现象），乡镇党委、政府的层面来讲它是不认可的，包村干部（笔者注：即驻村干部，下同）他也不认可的。但是结扎的问题能够得到乡（镇）党委书记、乡（镇）长、包村干部的支持的，这个他（们）是认可的，因为要结扎对象好难的啊。现在也都愿结扎了，反正我就拿低保，你不拿给我，我就不去结了。

问：其实可能不给他们低保，他们或许也是愿意结扎的，只是他们发现之前结扎的都有低保，他们也想要。

答：是。"前面的都有（二女结扎户低保），哎呀，这个也要拿给他。"做工作的干部都这样说。

——对民政局社会救助股股长 MZ1 的访谈

问：那这就违背了国家政策啊，国家法律法规并没有规定女儿没有赡养父母的义务啊。

答：二女户没有办法，本打本分就该是他的钱（笔者注：该给他的），文件上就是这么规定的。（这种规定）也不是全国性的，或者是X省的，就是鼓励二女户结扎啊，为了计划生育。问题是这样，纯女户（往往）不实行计划生育，（给二女户低保待遇的）政策是鼓励（纯女户）实行计划生育。（实行计划生育了），给你低保名额，还有一次奖励，一次性奖励多少钱，还有养老保险之类的。就是这样考虑（才无条件将二女结扎户纳入低保）。你县里的文件，我们必须要执行的，没办法的，即使有错，就是写文件的人（即政策制定者）的错，不关我的事。

——对平原乡富中村村委会主任CG1的访谈

问：通常哪些人可以获得低保救助资格？

答：（孩子）读书、残废、有病导致日子过得苦的。但是二女户生活再好也给，这是上面的政策，比如村里有户二女户是做牛贩的，家庭人均年收入1万块钱以上，但为了计划生育的推动，上面要求二女户都给。

问：您刚才说的二女户不论其生活水平高低均给予低保救助资格，村民不会有意见么？

答：召开村民代表大会表决的时候也会通过的。我们事前会给村民代表讲清楚，一般都会通过。前些年低保指标多的时候，二女户是全家保，现在指标紧了，生活水平高的二女户就减了1个指标，通常给3个。

——对北路镇小桥村村委会代理主任CG2的访谈

问：一般来说不会以家庭为单位进行保障吧？

答：按照上面的文件，低保户是以户为单位，但是我们这里人多，这个（家庭）又苦，那个（家庭）又苦，我们的名额肯定就有这么多，（只好）调（整为）这家两个，那家两个。但是我们这里双女户必须纳入低保，他呢冇儿子，也有点奖励的性质。这个计划生育积极参加了的没有去违反的，就必须两公婆都低保。

——对大河镇小溪村党支部代理书记CG4的访谈

问：您对低保政策了解吗？

答：了解谈不上，我就享受了低保。

问：啊？您就是低保对象啊，那您是因为什么获批的低保待遇资格？

答：因为是二女户啊。

问：哦，就是说你没有申请，是村里直接给你的？

答：是，我老婆结扎之后村里就给了。

问：那你之前听说过低保吗？村里有没有专门对低保政策进行宣传？

答：我老婆结扎之前我都没有关注过低保，也不晓得生了两个妹子（笔者注：女儿）结扎的可以享受低保，结扎之后才知道的，村干部主动给的。

问：那就是说结扎之后如果干部不告诉你，或不给你办理，你也不晓得上面有这样的政策？

答：那也不是，我另外一个村当村主任的亲戚也告诉过我，还有我嫂子（长期担任乡镇基层干部）也会给我说可以享受哪些政策待遇。

问：您觉得低保补助金对您家的日常生活帮助作用大不大？

答：这个啊，冇其实也可以的。……（想了想后说）哦，现在也不能说冇作用，家里刚盖了新房，欠了几万块钱的贷款，那点钱刚好够利息。

（笔者注：低保对象DB3，大河镇黄泥村村民，因是二女结扎户，夫妇二人享受了农村最低生活保障待遇。家里种植千余株果树，果树年收入有8万元左右。）

——对保障对象DB3的访谈

（三）其他政策保

除了上述的失地农民低保、二女结扎户低保，W县的农村最低生活保障政策保还存在部分移民低保以及处置突发事件而给予当事人的安抚性质的低保。移民低保主要是配合解决W县重大民生饮水工程——橙湖水库项目库区居民安置问题，该工程顺利通过了国家相关部委的审核及X省发改委、水利厅组织的专家审查。橙湖水库的建成将彻底解决县城居民自来水水质超标的问题，同时兼顾农田及果林灌溉、防洪等，W县委、县政府为此将其视为民生“一号工程”。因此，为了确保水库工程按时开工建设，移民安置自然也就成了值得并可以动用农村最低生活保障救助资源的重要工作。

发生突发事件，当地党委、政府为了安抚事件当事人情绪，尽快平息事件，降低不良影响，也会积极争取县委、县政府及民政部门的支持，将低保指标作为处置事件的重要手段给予事件当事人。这种情况下，民政局也会在当地的农村最低生活保障指标规模之外追加指标。

问：以大河镇为例，2009 年您来大河镇民政所工作以后，镇里的指标就没有变动过？

答：不是，有一些变动。……遇到像前几年舞龙烧死了人的（事故）啊（笔者注：大河镇有正月十五舞火龙的风俗，几年前的舞火龙活动因燃放烟花爆竹引发火灾致使数人死亡），当时县领导拍板嘛，（要为）这些人解决生活（的）后顾之忧，享受低保，省得他们闹，那时候一下就加了几个（指标）。

——对大河镇民政所所长 M5 的访谈

另外，W 县民政局曾一度将农村五保供养对象也纳入农村最低生活保障，笔者认为这也属于政策保。民政局及乡（镇）民政所在农村五保供养的日常管理中发现供养标准对供养对象的保障水平有限，遂将供养对象纳入农村最低生活保障，供养对象同时领取一份低保补助金，如集中供养对象的低保补助金集中在敬老院统一使用，主要用于贴补供养对象“吃”的问题。在审计部门的干预下，W 县民政局停止了这种让五保供养对象重叠享受低保的做法，但之前因重叠享受而留存的低保补助积累资金目前仍用于弥补各敬老院日常运转中的经费不足。

问：不管是分散供养还是集中供养，现有的供养标准能否确保供养对象的生活质量？

答：保得到。是这样的，敬老院的老人家（以前）一般都拿了一份低保。

问：但是这样重叠享受五保和低保是不符合政策的。

答：重叠享受是不符合政策，但是（当时）县里就这样执行。

问：那这个低保补助金是直接发给供养对象了还是留在了民政所、敬老院？

答：集中供养的（低保补助金）就集中在敬老院。如果在农村的，他（她）有 55 块钱的养老，又有一份低保，甚至呢还有一份高龄补助，这个重叠救助。低保和五保不允许重叠，就一般集中在敬老院，因为（按集中供养标准）那点钱集中来食是不够的，怎么不够呢？管理人员要在那里吃，不可能说要（他们）交伙食费的，还有呢有些浪费啊，这样的现象还是有的，比如饭和菜，少了会不够（吃），多了又食不了，一些浪费还是会有。

——对民政局社会救助股原股长 MZ2 的访谈

三、原因分析

在农村居民家庭经济状况无法准确核定的情况下，最低生活保障政策执行中保障对象的村庄筛选必然会催生人情保、关系保。乡土社会千百年来形成的“差序格局”中，亲属与朋友是社会范围的推动过程中最基本的路线（费孝通，2012）①，村干部和其他县、乡（镇）干部在“合适的时机”必须为自己的亲朋争取利益，否则他们将受到私人道德的谴责。因此，保障典型的、公认的穷人余下的对象指标就成了干部们“馈赠”亲友的“礼物”，有些干部甚至挤占本属于真正穷人的指标来满足亲朋的需求。只要能确保村里真正的穷人获得保障，农村居民中的大部分人对于干部们的这些行为都投以理解甚至包容，因为他们都生于乡土长于乡土，深受乡土社会“私的毛病”② 的影响与熏陶。两委干部竞选中，村民投票给“自己人”的参选人同样是基于“差序格局”的自然而然的事情，参选人许诺当选后给予其低保指标的通常是另外一小部“中间派”的村民。从村民的角度来看，他们之所以积极寻求关系保、人情保，除了一部分是出于攀比心理外，大部分是“醉翁之意不在酒”，他们追求的并不是低保补助金本身，而是基于低保对象身份基础上的其他的附加福利待遇，在后文中将对此进行专门阐述。

整个社会都是这样的。包括你，说实话，你在那里当村干部，估计你也会这样，这个也可以理解。自己的亲戚都没有弄到，你在外面（官）当得再大，归来也冇人搭的，讲句实话（笔者注：指村里外出为官者如果不关照村里的亲戚，那他回到村里是不受待见的，哪怕他职务再大）。

我认为（人情保、关系保）可以理解，怎么说呢，比如我们两个走动，走动以后呢我们这么熟悉，那你的侄子在我（担任班主任的）班里的话，寄宿生补助的我就会直接帮他搞好。（这种情况下）如果搞不下来我会被指责的，下次一起玩的时候不会被直接指责的咩？呵呵……我认为涉及什么低保等一切有利（益）的东西，越有利（益）可能越要有关系。

像我们那个屋（笔者注：这里指家族），一个（家庭）呢是他父亲犯癌

① 费孝通：《乡土中国》，人民出版社2012年版，第34、39页。

② 费孝通：《乡土中国》，人民出版社2012年版，第25—26页。

症，另一个（家庭）是他母亲脚瘸不能干活，结果1个指标两家人分，领200的话，就每人100块钱。这样的（情况）不给就太显眼，所以两家分，但是他（指村干部）不会去从关系户那里弄出一个指标来（让这两家人一家一个）的。如果是从我的角度来讲，我就十分理解。

——对邓姜镇邓姜中学老师PT5的访谈

在不少领导干部与老百姓的认识里，人情保、关系保是为了“私利”，因此是“违规”的；政策保是为了“公益”，因此是“合规”的。从W县的情况来看，政策保基本涉及的是当地的中心工作，这些工作或是与党委、政府主要领导的政绩高度相关，如确保重点工程如期开工的土地房屋征收、移民；或是上级政府考核中实施“一票否决”的，如人口与计划生育、社会综合治理等。而民政局给予农村五保供养对象重叠享受最低生活待遇的出发点是攫取“部门私利”而不是维护“全县大局”，因而无法得到县级主要领导的认可与支持。这种逻辑与行为说到底还是“压力型体制”造成的，W县政府为了获得上级组织的政治、经济奖励，不惜调拨最低生活保障资源用以促进这些中心工作的完成，导致低保资源沦为用途广泛的“万金油”。有学者将乡（镇）政府面临的考核指标分为优先指标（一票否决指标）、硬指标与软指标①，也有学者将乡（镇）政府执行的政策分为中心政策（一线政策）与非中心政策（二线政策）②，按此划分，人口与计划生育、社会综合治理属于上级政府考核的优先指标，重点工程建设属于硬指标，它们都是应该得到优先执行的一线政策；而农村最低生活保障显然属于上级政府考核的软指标，是二线政策。乡（镇）政府优先确保完成优先指标，其次是硬指标，最后才是软指标，或者说优先执行一线政策，其次是二线政策。在掌控的资源总量既定的情况下，乡（镇）政府必然选择性执行。这样的分析同样适用于县级政府，县级政府与乡（镇）政府存在显著的同构性，两者的目标追求与行为方式是一致的。

---

① 金东日、李勇军、马会周：“乡镇政府的选择性政策行为分析”，《云南社会科学》2009年第2期，第20—24页。

② 印子：“治理消解行政：对国家政策执行偏差的一种解释”，《南京农业大学学报（社会科学版）》2014年第3期，第80—91页。

第四章

农村最低生活保障政策的执行考察（下）

上一章从设标、觅标与干预三个方面对农村最低生活保障政策的执行过程作了整体介绍，本章继续以研究的样本县 W 县为例，进一步考察政策执行过程中更为细微的政策宣传、张榜公示、动态管理、监督激励与政策捆绑等环节。这些环节是执行情况对农村最低生活保障政策最终的执行效果有重要影响。

第一节　政策宣传

自农村最低生活保障建立实施以来，从中央到地方的一系列政策文本中都有关于做好政策宣传工作的要求，如国务院《关于在全国建立农村最低生活保障的通知》（国发〔2007〕19 号）要求“要加大政策宣传力度，利用广播、电视、报刊、互联网等媒体，做好宣传普及工作，使农村最低生活保障政策进村入户、家喻户晓”；民政部《关于进一步规范农村最低生活保障工作的指导意见》（民发〔2010〕153 号）要求“各级民政部门要采取群众喜闻乐见、生动活泼、通俗易懂的形式，通过组织媒体宣传、设立固定公示栏等方式，广泛宣传农村最低生活保障政策及其实施成效，提高公众知晓率”；国务院《关于进一步加强和改进最低生活保障工作的意见》（国发〔2012〕45 号）要求“以党和政府对最低生活保障工作的有关要求以及认定条件、审核审批、补差发放、动态管理等政策规定为重点，深入开展最低生活保障政策宣传”。

所谓政策宣传，就是对政策文本信息的宣布、解释与传播，它是政策执行过程的重要组成部分。政策宣传对于政策执行具有重要意义，这是因为政策的有效执行是以政策目标群体对政策的认同和接受为前提的，而这种认同和接受又是以其对政策的准确认知为基础的。因此，政策宣传是政策执行的步骤之一，也是促进政策执行的有效手段。此外，政策宣传除了可以向目标群体提供政策信息外，还具有劝诫的作用，体现了说服教育的含义和政府行为的色彩，可以改变目标群体的偏好和行为。在政策执行过程中，政策执行主体及其具体的政策执行者、政策目标群体均需全面掌握、准确理解政策信息，而政策目标群体接受政策信息的重要途径是政策宣传。

一、政策宣传的作用

政策宣传有利于营造良好的政策执行环境，推动农村最低生活保障政策目标的实现。这是因为再分配政策在执行过程中容易出现政策扩大化、政策外溢等偏差现象，骗保以及人情保、关系保与搭车保是农村最低生活保障政策执行过程中政策扩大化、政策外溢的直接体现。从政策目标群体的角度来看，一方面，农村最低生活保障待遇的享受不需要履行缴费义务，容易刺激其隐瞒家庭经济状况来骗取救助待遇；另一方面，政策目标群体没有准确理解政策，缺乏参与、监督意识。这些都会导致执行偏差现象的出现。在农村最低生活保障政策执行过程中，政策宣传使作为政策目标群体的农村居民准确理解政策信息，从而起到两个方面的作用。

（一）促进农村居民的政策遵从，使其积极配合政策执行

农村居民只有准确理解并接受农村最低生活保障政策，尤其是其中的认定条件、审核审批、补差发放、动态管理，申请农村最低生活保障过程中才有可能如实告知其家庭收入状况、财产状况，配合乡（镇）人民政府、县级人民政府民政部门（以下简称“政策执行主体”）的家计调查；批准获得农村最低生活保障待遇后才有可能及时告知其家庭人口状况、收入状况、财产状况，配合政策执行主体的定期核查。可见，农村居民的政策遵从对提高救助对象目标定位的准确率有重要的作用。

（二）激发农村居民的公众参与，使其积极监督政策执行

农村最低生活保障政策执行需要公众参与：其一是在政策执行主体对申请人进行家计调查时需要其他农村居民的参与，协助完成邻里访问、信函索证、群众评议等；其二是在政策执行主体公示拟批准申请者时，需要其他农村居民的参与，监督拟批准申请者相关信息的真实性。因此，农村居民的公众参与有助于避免或减少申请者骗保以及人情保、关系保与搭车保等救助对象瞄偏现象。

二、政策宣传的执行情况

W 县的农村最低生活保障政策是 2006 年 7 月 1 日开始实施的，但从访谈的情况来看政策的知晓率并不理想，广大群众对申请条件、审核审批、补差发放及动态管理等认识不全，大部分仅停留在“低保是更穷的、更苦的人才可以享受的”的水平上。同时，人情保、关系保以及政策保在现实中较为普遍地存在，甚至使广大农村居民对农村最低生活保障政策产生了严重的错误认识，媒体报道的“开着宝马吃低保”等负面新闻又进一步加剧了这种错误。因此，在 W 县的农村流行着低保“人人可领”“不要白不要”的“低保文化”，甚至连正在领取补助金的保障对象对最低生活保障政策都没有一个较为清晰、准确的认识。

问：你一开始是怎么想起去申请低保？

答：（发生工伤截除右臂后）只是听到某某人也发生过类似的情况办到了，然后自己去跟进哦，去村里打听哦，然后就给了一个指标给我。……医院也有人也会说你已经肢体残缺了，可以得到各方面的优惠，残疾证弄到后有低保可以领。首先是听医院的人这样讲了，发生了这样的事情才会去了解，回到村里了解到有类似情况的享受低保，然后自己也去申请。具体低保（能）得到这么多什么（补助金或其他优惠），自己不晓得，具体政策不晓得。

问：按照你的理解，低保政策当前存在什么问题呢？

答：政策不够明朗哇，应该所有的弱势群体都可以了解到这方面的信息……

问：低保的全称是什么，你们知道么？

答：说不出来。

——对培风乡大排村农村低保对象 DB4 的访谈

问：听说您家老三是低保对象，是吧？

DB1：是的，（全家）4 个人都是的。

DB2：哪里是 4 个人啊，就老三才是。

DB1：不是的，全家都是。

问：可是我听村主任说您家就只有 1 个名额啊，不是 4 个。

DB2：是的，就 1 个。

问：老三的低保指标是你们自己去申请的吗？

DB1：不是，以前就听过低保，但从来没有去过问，是村里给的。

DB2：就小王当村主任后拿给我们的，小王和阿峰（村委委员）给我们办理的。

问：那老三的低保金一个月是多少钱呢？

DB1：按季度发的，一个季度有 100 多块钱。

问：不对吧，全县人均补差水平是 145 元/人·月，一个季度肯定不止 100 多块钱的啊。

DB1：哦，那我也不清楚，没有怎么去关注这个事，反正手上有一本折子（存折）。

（笔者注：DB1、DB2 夫妇有三个儿子，其中老大已成家独立居住；老二患有先天性心脏病，无法从事重体力劳动；老三患有精神病，在县人民医院精神病科入院治疗 2 次未治愈，仍在长期服药以控制病情。）

——对平原乡富中村低保对象父母 DB1、DB2 的访谈

这些现象出现的关键原因之一就在于政策宣传工作没有做到位，分析如下。

（一）借助常规媒体难以取得预期政策宣传效果

上述农村最低生活政策文本提及的广播、报刊等传统宣传媒介在农村地区受电视的冲击较大。电视媒体深受欢迎，但因设备、线路老化或毁损，“村村通”工程的“返盲”村较为常见。农村居民家庭普遍自行安装一种被称为“小锅盖”的卫星电视地面接收设备，通常不能接收到当地电视台的信号，这意味大部分农村居民并不能通过电视媒体获取当地的农村最低生活保障政策信息。同时，新兴的互联网媒体在农村地区尚未普及，这主要是因为互联网终端设备对广大农村居民而言价格仍然较高且操作复杂。同时基于成本收益考虑，通信运营商对较为偏远、人口较少村庄互联网服务业务的开发没有积极性。接受笔者访谈的大河镇松涛村普通村民（PT4）对农村最低生活保障政策宣传的描述较好地反映出宣传效果较差：

问：镇里或村里会不会对这些政策进行宣传？

答：宣传啊，我就没有看到怎么搞哦，张榜是有，比如都有谁有低保，张三啊、李四啊……

问：政策内容什么的会不会讲解？

答：我是没有看到。

问：比如具体什么条件的才可以申请，有没有宣传、讲解？

答：我就是没有听到（这些）啊，所以我不懂这块事。……即使你宣传了，公示贴的时间又不长，现在又冇广播，人又这么散（笔者注：散居），组织人开会又组织不到，做了这个（宣传工作）可能大家都不知道。

问：您是说有可能宣传了，但您不晓得，宣传的效果不好？

答：是，宣传效果不好。

问：就是说您也不知道村里到底有没有宣传，反正您是没有听到过？

答：是。

——对大河镇松涛村普通村民 PT4 的访谈

（二）基层民政部门开展政策宣传的动力不充足

基于前文述及的 W 县县、乡（镇）两级民政部门农村最低生活保障工作人员短缺的原因，相对于经济状况调查、动态管理等政策执行的重点环节，政策宣传的重要性被低估甚至被忽略。同时，上级政策文本一再要求配备的农村最低生活保障工作经费并未得到保障，扼杀了民政部门尤其是乡（镇）民政所开展政策宣传的积极性、主动性。根据 W 县民政局的管理制度规定，乡（镇）民政所办公经费实行限额报支，来人接待实行年度限额包干制，2 万人以上（含 2 万人）的乡（镇）民政所办公经费 3500 元/年、接待经费 6000 元/年；1 万—2 万人（含 1 万人）的乡（镇）民政所办公经费 3000 元/年、接待经费 5000 元/年；

1万人以下的乡（镇）民政所办公经费2500元/年、接待经费4500/元。接待经费的配备与使用自2012年中央“八项规定”出台后变得更加严格。概言之，或是受限于人力，或是受限于财力，W县民政局社会救助股、乡（镇）民政所工作人员基本不会专门进村入户开展农村最低生活保障的政策宣传与解读，更不用说结合当地实际创造性地使用其他方式开展宣传。

问：县局或乡（镇）是否会经常去村里开展政策宣传，包括发传单啊做展板展示啊？

答：不经常，偶尔也会的。比如我们县里组织的法制宣传日啊也会通知我们民政局印一些宣传资料之类的，我们能发多少就多少，谁要我们都给他。

——对民政局社会救助股股长MZ1的访谈

问：您原来当民政所长的时候是否会经常下村？

答：会，经常下村。

问：那下到村里时候，您会不会做低保政策宣传方面的工作？

答：专程下去宣传的话，很少。大部分下去是带着任务的，比如说有人反映了情况，下去了解一下。

——对北路镇民政所前所长MZ3的访谈

问：就是说专门针对低保业务这块的是没有安排包括交通费在内的工作经费？

答：冇的。低保这块冇什么业务经费。这么多年我们所里办公经费1年才3000块，原来有接待费的时候一年还有几千块钱接待费，现在又冇接待费了，那就只剩下3000块钱。

问：所里的办公经费就3000元，包括用水、用电？

答：按文件就3000块钱。实际上就不够用的，上面也晓得这么多事务，像前几年又说要无纸化办公，就这块就吓死人（笔者注：指无纸化办公的耗材等支出金额庞大），是不是？所以有时候上面也不会那么严，虽然说有文件，但有时候会走走人情稍微好些，不然我们连办公经费都不够。

（笔者注：大河镇人口2万以上，按W县民政局管理制度规定，办公经费应该是3500元/年，此处应该是访谈对象的口误。）

——对大河镇民政所所长MZ5的访谈

（三）行政村村委会开展政策宣传的动机不强烈

政策文本虽然强调了政策宣传的重要性，但没有规定村委会的政策宣传责任。在W县农村最低生活保障政策的实际执行中，并没有依据政策文本规定的程序而是通过夹杂着人情保、关系保以及政策保的村庄筛选来确定保障对象，因此，从村委会的角度而言，保障对象的确定是非常敏感、棘手的工作。为了确保保障名额顺利分配，村委会及支部干部并不希望村民掌握详细、准确的政策内容，因为他们主持的名额分配工作经受不住村民的质询，害怕村民的监督。正是基于这样的事实与心理，村委会并不热衷于农村最低生活保障政策的宣传，而是继续掌握保障对象名额分配的主动权。另外，低保工作在村委会、支部的整体工作中并不重要，在年度绩效考核中即使工作不到位，也不会像果树病虫害综合防控等工作那样扣分，工作完成得再出色也不会像征地拆迁工作那样获得额外加分①。

问：那是不是可以这么理解，村里很多人连低保政策都不晓得？

答：不晓得。很多人不晓得的，大部分不晓得。

问：村里会不会宣传低保政策？

答：（宣传低保政策）你这不是捡到事来做嘛（笔者注：指多一事不如少一事，没必要“多此一举”）。

问：是不是可以这么理解，你们村干部为了低保管理的方便，巴不得村民不晓得低保政策的内容？

答：知情的人越少越好。

问：就是说你们希望村民越不懂这些政策越好，这样你们的自由裁量权更大？

答：是的。……你问到家里有低保的，像比如说老杨大爷家里，他就在骂哦，说：“打靶鬼哦，我都60多岁了，脚都瘸了，也不给办理低保。”你说是不是？问题是，60多岁的人了，膝头软（笔者注：指膝关节不灵便或有疼痛感）很正常的（不能以此要求享受低保）。

问：那问题就来了，作为村干部，一方面，您反感这些人歪曲低保政策的人，比如刚才讲的因为身体自然衰老带来的机能退化而要求获得低保的；另一

① 这部分内容详见第四章第六节。

方面，您又不希望低保政策的知晓度太高，如果村民知道政策到底是怎么回事儿，您也麻烦，这样就矛盾了呀。

答：本身就是矛盾的呀。

——对平原乡富中村委会主任 CG1 的访谈

问：村里是否会对低保政策进行宣传？

答：村里有低保宣传栏，民政局发的，目前（宣传资料）就没贴了。

——对北路镇小桥村委会代理主任 CG2 的访谈

第二节　张榜公示

农村最低生活保障中的张榜公示是指在申请过程中将申请家庭的经济状况调查、申请审核及审批结果公之于众以接受群众的监督。W 县农村最低生活保障政策建立实施之初，要求享受低保待遇必须在个人申请的基础上，按照“三查、三评、三公示”的程序办理。但前文的分析已指出实际操作规程较之于政策文本发生了变异，各村的保障对象是由人情保、关系保以及政策保共同干预下的村庄筛选确定的。显然，与政策保不同，人情保、关系保并不能获得认可，W 县政府、民政局希望通过公示对人情保、关系保进行控制，为此民政局曾专门投入近 9.5 万元为全县各村（居）委员会制作了固定的“城乡低保公示牌”。

一、张榜公示的作用

严格来说，张榜公示属于“觅标”步骤中的一个必要环节，“干预”产生的人情保、关系保以及搭车保也需要张榜公示，笔者将其称为“示标”。“示标”是一项充满争议的社会救助政策执行环节，对申请者、受助者及其家庭成员带来的受辱感尤为直接、严重，但同时又被认为是弥补调查系统不健全①，确保政策公开公正公平运转所不可或缺②的措施。按此逻辑，我们可以

① 郑功成：“让社会救助制度稳步走向成熟、定型”，《中国社会报》2014 年 3 月 5 日第 3 版。

② 顾昕、高梦滔：“中国社会救助体系中的目标定位问题”，《学习与实践》2007 年第 4 期，第 5—11 页。

将“示标”视为“觅标”步骤无法有效准确实施的补救举措，目的是在控制行政成本的同时提高农村最低生活保障目标定位的准确率。如上文所述，对W县的调查可以发现，张榜公示的政策预期效果还包括通过普通村民的监督来减少人情保、关系保。

二、张榜公示的执行情况

笔者的访谈发现，农村最低生活保障的公示效果欠佳，主要原因分析如下。

（一）公示未按质按量按时地张贴

所谓未“按质”公示是指公示张贴的内容残缺，包括未公示全部申请人的信息与未公示申请人的完整信息两种情形。村委会直接操作的或者是获得村委会配合的人情保、关系保申请人通常可以不列入公示。笔者访谈中遇到的“三婶与小花母女获低保”的案例（见下文）较为典型。三婶的胞妹是乡政府党政办负责人，三叔的胞弟是村委会主任。为使三婶患先天性心脏病的女儿小花手术时获得更多的费用报销与救助补偿，两人在小花手术之前“上下合谋”，帮三婶与小花申请了低保待遇资格。三婶的胞妹通过乡民政所额外追加1个指标下达到村里，“定向”给予小花；三叔的胞弟在村里已有指标规模内调整出1个指标给三婶。在这个过程中，为了避免其他村民的质疑而带来不必要的“麻烦”，张贴的公示并没有将三婶与小花列入其中。未按质公示的另一种情况是没有将申请人的完整信息公示出来。按政策文本的要求，公示内容应包括申请人家庭基本情况、经济状况调查及民主评议结论、是否纳入低保与拟给予保障金额的审核（批）意见等[①]，但在实际公示中这些信息不全，通常仅公布申请人的名字，拟批准的保障金额等重要信息缺失。

问：村里三婶（笔者注：三婶是访谈对象胞兄的妻子）的低保待遇资格是怎么申请到的呢？

答：她是梅华（笔者注：梅华是平原乡政府党政办负责人，三婶的胞妹）

---

① 详见《民政部关于进一步规范农村最低生活保障的工作的指导意见》《国务院关于进一步加强和改进最低生活保障工作的意见》。

给她的。因为小花要做手术（笔者注：小花是三婶的大女儿，患有先天性心脏病，属W县医疗救助的17种重大疾病之一）。

问：就是因为小花要做手术，而最低生活保障对象可以获得医疗救助？

答：嗯。（某个）享受3个以上指标的家庭调整出来（1个指标）拿给三婶。

问：仅是三婶享受低保，小花没有，那小花做手术也不能享受医疗救助啊。

答：不是，小花和三婶都有的。

问：那小花和三婶的是没有公示的？

答：没有公示的，是后面搞到的指标。这个谁怎么敢去公示？你敢公示吗？（此类违规操作的行为在保障对象确定中）都有的。

——对平原乡富中村村委会主任CG1的访谈

问：您觉得村里的低保工作做得最不好的是哪方面？

答：名额分配。就算是公示，有些村干部（的家属、关系户）不公示出来。村里有几个低保户，有几个指标，大家都不知道，比如说100户、50户，（这样）村民才知道这些哪去了。

——对大河镇松涛村普通村民PT4的访谈

所谓未“按量”公示是指公示没有在规定的不同地点进行张贴，所谓未“按时”公示是指公示没有达到规定的张贴天数。W县农村最低生活保障政策建立实施之初，要求村委会对申请人家庭经济状况调查与评议情况在村务公开栏公示5天以上，乡（镇）政府对申请人家庭经济状况调查审核与评议情况、拟定对象名单委托村委会在村务公开栏及各自然村公示3天，民政局对申请材料、调查材料的审查与拟定对象名单及其保障标准的审批与评议情况委托乡（镇）政府、村委会在公开栏及各自然村公示3天。随着农村最低生活保障政策及审核审批规程的逐步完善与调整，根据《暂行办法》和《×省最低生活保障操作规程》，W县民政局对城乡居民低保申请的“三榜公示”调整为“二榜公示”，要求乡（镇）政府在村委会村务公开栏对审核情况进行为期7天的公示，县级民政部门通知乡（镇）政府在申请人家庭常住地所在自然村（组）将审批情况公示7天。之所以对公示张贴的天数与地点加以规定，是要确保广大群众知晓低保申请家庭及其保障标准，但事实上难以保证公示在规定的地点张贴规定的时间，这就直接导致公示效果不佳。

问：目前来说公示有没有效果？

答：公示事后有个把子（举报的）。但是现在的公示很假，像刚才说的不写明（申请）原因，光列个名字，一两天之后呢又撕掉了，黑板上又擦掉。很多公开栏上啊，有些见不得人，贴上没多久就撕掉了，都存在。所以监督的话，本村人谁享受了低保是讲得出来的。

——对民政局社会救助股股长 MZ1 的访谈

问：我们大河镇是否真正做到了三榜公示呢？

答：基本上做到了，但不是年年都有。像我们小调整，就几个人的，基本上就是他们（指村干部）交到我这里，我下去调查了之后贴出去，就没去三榜公示了，因为县里不下人我们就只能两榜公示。个把子的时候啊，县里派人走一遍，抽查，它就不公示了。

——对大河镇民政所所长 MZ5 的访谈

问：村里对低保对象是否进行公示？

PT3：哦，意思是谁谁谁（是）低保对象咩？冇，不知道其他地方有冇。这个低保谁有谁没有是村干部决定的。

问：阿姨您知道吗，村里的低保名单会不会张榜公示？

PT4：冇。村干部决定的，大部分都照顾（他们）自家人。

问：村里有多少个低保名额，谁在享受低保待遇，这个你们都不晓得呀？

PT4：不晓得。

PT3：我只晓得村里有几个人有，（但到底）一共几个名额就不晓得了。这个（公示）有规定的吗？

PT4：（是否进行了）公布我们不知道，（一共）有几个人有，这个保密。我们都不知道，要（低保对象）他们自己讲了（我们）才晓得。

——对大河镇洪北村普通村民 PT3、PT4 的访谈

（二）农村居民缺乏监督意愿

通过公示达到良好的监督效果，按质按量按时地张贴公示是第一步，第二步则需要广大群众具有监督意愿。笔者在 W 县的访谈发现，公示出来的低保申请家庭即使明显不符合低保申请条件，村民通常也不会去反映或举报。对于反映或举报，村民有自己的成本收益考量。家庭经济状况好的村民自知不符合低保申请条件，他们不关心村里保障名额的分配，更不愿意去反映或举报保障名额分配中的不公；家庭经济状况一般的村民也不愿意去反映或监督，低保补助金水平不高，他们更愿意与本村居民、村干部保持较好的关系；家庭显著贫困的村民如前文所述，通过村庄筛选一般都获得了保障名额，他们通常选择“明哲保身”。村民之所以有这种“不得罪人”的乡土逻辑[①]，笔者认为这主要是因为在乡土场域中能够通过人情、关系获得保障名额的村民，一般都是乡土精英或拥有雄厚社会资本的村民，他们或是村干部的亲朋好友，或是本村外出干部、乡贤的亲朋好友，其他村民并不愿意因为低保名额去得罪这些村民及其背后的关系。另外，村民也担心因此而遭受村干部“秋后算账”式的打击报复而在其他政策优惠中被有意忽略[②]。总之，在一个世代相处、流动性较低的农村社区，村民为了降低将来的不确定性，需要人情、面子以及在日常生活中的互惠来维持良好的人际关系[③]，村民并不愿意去“撕破脸面”去反映或监督公示中的名额分配不公。当然，监督意愿缺乏还跟村民掌握并能够使用的监督渠道也有一定关系，村民们基本不愿意直接向村委会反映或举报，除非有个人恩怨，否则村民们通常也不愿意利用其他渠道，如信访、到民政部门上访等进行反映或举报。

问：其实低保的公示制度监督效果并不是很明显，村民看到了张榜公示绝大部分只会在私下议论，并不会去乡（镇）民政所或县局举报，他们怕得罪人，您觉得呢？

答：是，效果不是很好。即使贴出来了，如果不是两家人结怨的话，不会去举报。私下里会议论，要他站出来举报，他就不干了。

——对民政局社会救助股前股长 MZ2 的访谈

问：您了解到的就低保问题直接到村里反映的多不多？

---

① 印子：“低保政策实践偏差形成变量的两种类型——兼评公共政策执行‘农民参与’理论”，《中共宁波市委党校学报》2014 年第 1 期，第 67—74 页。

② 李芳：《农村最低生活保障制度的微观运作》，华东理工大学，2012 年。

③ 张静：《转型中国：社会公正观研究》，中国人民大学出版社 2008 年版，第 171 页。

答：很少。为什么很少呢？我告诉你哈，这个可以这样讲，（反映意见的村民）怕他们（笔者注：指村干部）。为什么怕呢？他们的报复心比较严重。我在老人活动室组织了一个老人协会，我们几个（老年人）一起主持，我们和老年人、年轻人、中年人接触时间较多，（遇到向我们反映低保问题的）我们也提出过到村里去反映，他说："那有什么反映的？"（笔者注：指去村里反映的话还不如不反映）怕村干部报复，农村里来讲，好大一部分都怕这个东西。为什么呢？他（笔者注：指村干部）有一定的权限，本身就有点苦的话，打个比方说是我，我就向你（笔者注：指村干部）提意见，那你就更不给我（低保以及其他补助）了啊。（反映意见的话，低保以及其他补助）还更没有，在某种情况下还更惨。这种干部有，可以说有一部分是这样的，他都没有把人家反映的情况对照检查一下到底是不是自己犯了这样的事情。通过这次（群众）路线教育以后有没有转变（暂时）还不知道，前一阶段来看就存在这样的。

问：就是说按您了解的情况来讲，有意见的村民基本上不会来村里反映？

答：他们不来。

问：您既是村里的村民，同时也是老村干部，如果您遇见非常明显不符合条件的人在领取低保补贴，您会不会向村里或镇里、县里去举报？

答：那我不会哦。

问：为什么不会呢？

答：我不会，我有两个角度，第一个角度，我现在岁数这么大了，得失（笔者注：方言，"得罪"的意思）人的事去做干什么；第二个来讲，我自己不要（低保名额），你们再怎么去争都好，与我有什么关系，反正我都不要。得失人的是何必要去做啊是不是，而且我也不一定说得着说不要拿给你，我不是干部，所以我不去说。

——对大河镇小溪村普通村民 PT1 的访谈

问：如果你知道哪个低保家庭挺富裕的，明显不符合低保条件，你会去举报吗？

答：我的话我绝对不会去举报。他知道了我举报的，大家本村人，（我）怎么做人，是吧？这个东西（低保补助金）说很多也不多，就一点点的。

——对大河镇洪北村普通村民 PT3 的访谈

（三）公示对象基本没有污名感

笔者在W县的访谈发现，文献述及的张榜公示对最低生活保障申请者及其家庭成员产生的“污名效应”在实际中基本不存在。公示虽然使农村最低生活保障的申请者及其家庭成员“吃低保”的身份公开化，但并不会由此被“标签化”而导致与其他村民产生显著的差异，因而也不会被“污名化”，他们并不会由此在乡土社会中被隔离，不会产生自我效能下降、个人情绪低落等。文献中述及的因为享受低保待遇而产生污名感的是真正的穷人，笔者认为人情保、关系保及政策保使低保对象多元化，穷人的污名感被稀释甚至消失，他们庆幸自己能够在激烈的竞争中入围公示、获得待遇。政策保对象则认为自己配合了中央或当地政府的重要工作并作出了“牺牲”，获得低保待遇是“理所应当”的补偿。人情保、关系保对象如前文所述往往是乡土场域中的“精英阶层”，他们拥有足够的资源与影响力来阻止其他村民对自己的污名化。正如林克（Link）与费伦（Phelan）（2001）提出的那样，污名因权力强弱差异而产生，在社会、文化、经济与政治上处于优势地位的阶层可以污名化相应的弱势群体，但后者对不可能污名化前者[①]。同时，林闽钢（2010b，2011）[②③]对城市最低生活保障研究后得出：保障对象、申请人的污名感与文化程度以及是否有子女在上学有关系，但城市低保的“保基本生活”定位使保障对象的污名感成为其次的问题，低保“含金量”陡增导致申请者的污名感降低。该分析结论与W县的农村最低生活保障有很高的契合度，基本不存在有些学者学论及的“标签化效应”[④]、福利污名效应[⑤]。

问：按有的学者的已有观点，低保的公示制度会让低保对象产生羞辱感啊。

---

① Bruce G. Link and Jo C. Phelan. Conceptualizing Stigma [J]. Annual Review of Socialogy, 2001 (27): 363-385.

② 祝建华、林闽钢：“福利污名的社会建构——以浙江省城市低保家庭调查为例的研究”，《浙江学刊》2010年第3期，第201—206页。

③ 林闽钢：“城市贫困救助的目标定位问题——以中国城市居民最低生活保障制度为例”，《东岳论丛》2011年第5期，第13—19页。

④ 钱宁：《社会正义、公民权利和集体主义——论社会福利的政治道德基础》，社会科学文献出版社2007年版，第211页。

⑤ 方菲：《伦理视阈下的农村最低生活保障制度研究》，华中科技大学，2011年。

答：不会，他相反还会感到高兴："我都这样（笔者注：比较富有）还能搞到低保到。"他还会沾沾自喜"说明我有关系，你看我都很'会'（笔者注：当地方言，"厉害""有能耐"的意思），这样都还能弄到低保。"

问：所谓的羞耻感，他不会有？

答：冇，不会有，基本上不存在。

问：即使真正贫困的人也不会因为公示而感到羞耻？

答：是，不存在羞耻感。刚才讲到的，真正有钱的人（获得低保待遇），不以为耻反以为荣，还认为他有本事。

问：按您的理解，这种心理是怎么形成的？

答：（与）现在就是整个社会啊这种"一切向钱看"的这种氛围有一定关系，有些家庭条件好，他"捂"得到就觉得很有本事一样（笔者注：指得到了低保名额的家庭经济条件好的村民会觉得自己很有能耐）。

——对北路镇民政所前所长 MZ3 的访谈

问：据您所知，公示制度是否如媒体上报道的那样，对低保对象造成所谓的"侮辱"？

XZ3：有钱赚就好，现在的农村有些人素质就低！

MZ4：这个现象呢是更文明的地方才会出现，农村里呢这方面表现相对冇那么突出。有个别虚荣心更强的人估计可能有，你说的这个是一个方面，物质和精神文明不断提高的时候，必然会存在这种现象。但是呢，在农村呢，这方面不是十分突出。

——对平原乡民政所所长 MZ4、乡政府干部 XZ3 的访谈

问：还有一种观点认为低保张榜公示的做法会对当事人产生"污名化"、羞耻感，现实中是否是这样的？

答：这个啊，这么多年我贴了这么多公示，我就没发现有人这样的，没有说"要公示的那我不要哦"，或者是刚才讲的自己自动自觉（笔者注："自动自觉"是"主动""自觉"的意思）说"我日子更好过了，我不要低保了"的，冇这样的。

——对大河镇民政所所长 MZ5 的访谈

并不是说公示是完全没有效果的，它至少向村民告示了本村的最低生活保障指标的分配情况，村民们内心仍然留存着朴素的公平公正价值判断，基层干部与企图获得人情保、关系保的村民也不会肆意地对此进行挑战。因此，如李芳（2012）总结的那样，农村这种“张弛有度的谴责”能起到一定的监督与规范作用①。另外，通过公示也确实起到了一些直接的监督效果，W县民政局、乡（镇）民政所以及上级党委、政府及其相关部门接到过农村最低生活保障方面的反映或举报，对内容确凿的反映或举报也会进行快速、准确的处理。

问：社会救助股平常是否接到过村民对其所在村低保指标分配存在的违规进行举报的？如果接到过这些举报，你们是怎么进行处理的？

答：这个有。现在举报呢有好多个途径了哦，比如96XXX（笔者注：该热线电话是W县所在市设立的群众工作综合性服务平台，可以24小时受理群众电话、短信以及网络诉求），比如信访这块就有信访局，有的直接信访到县领导，有的直接信访到省市部门，他们就会转给我们来处理。接到这个信访件，我们就通过民政所去调查。比如他举报某人不符合的，我们也审核，确实不符合的，我们马上就取消。信访这块，举报这块，渠道是十分顺畅的。

——对民政局社会救助股股长MZ1的访谈

问：您原来在所里工作的时候，是否接到过关于低保违规方面的举报？

答：有，这种（举报）有。

问：那接到过这样的举报，您会去处理么？

答：这要先跟他解释（政策），解释之后也要去调查。如果他说清楚了（具体情况），（要去进村入户调查处理）。如果他说得很笼统，就不好说（笔者注：不好处理）了。他说很多不符合条件的（享受了低保），（让他）说出谁来（却）说不出来的，那就不好去调查；如果他指明了姓名的，某个村的某个农户不符合，那肯定要去调查。

——对北路镇民政所前所长MZ3的访谈

问：是否有村民到您这里举报村里低保不公平不公正的？

答：有。没有指名道姓的（举报），我们一般就通知村里让村干部自己去

① 李芳：《农村最低生活保障制度的微观运作》，华东理工大学，2012年。

查；名字指出来的，我们就直接上户（核查）。……毕竟来说村干部对村里的情况还是比我们更了解的，所以那种没指名道姓的，多由他们查。像现在有“群联”干部，有时候我们就会跟“群联”干部、镇里的包村干部反映一下，看他们能不能代我们看一下了解一下情况，一般就这种方式。如果指名道姓的，就我们直接上，查了如果确实是这种情况，不符合的，马上就调整。

——对大河镇民政所所长 MZ5 的访谈

第三节　动态管理

实行动态管理是低保政策执行的重点工作之一，民政部门根据保障对象家庭的人口状况、收入与财产状况的变化情况及时决定增发、减发或停发补助金，这就要求保障对象家庭应履行及时告知义务，同时县级人民政府以及乡（镇）人民政府应定期开展核查工作。

一、动态管理的作用

广义的最低生活保障动态调整归纳起来有两个方面：其一是动态调整保障待遇，即增减保障对象的补助金水平；其二是动态调整保障对象，包括变动保障对象的人数规模和变更具体保障对象。对最低生活保障实行动态管理，最终的目的是避免保障对象产生“福利依赖”，提高低保资金的使用效率。动态管理作用的发挥，需要保障对象主动报告家庭人口、经济状况变动情况，也需要民政部门主动上门复核或通过其他线索进行排查、处理。

二、动态管理的执行情况

（一）动态管理形式：专项整治

通过前面的分析可以发现，W 县农村最低生活保障政策的变通执行对政策目标产生了重大负面影响，已经形成了“不要白不要”的“低保文化”，保障对象基本不会主动告知家庭人口、经济状况变动情况，也不会主动要求调整补助金水平或退出低保。保障对象及其待遇水平的僵化显然不符合政策文本的规定和上级民政部门的要求，除了群众反映或提供一部分线索外，W 县的农村最低生活保障对象的动态管理只能通过专项整治进行。或是根据上级民政部门的统一部署，或是县委、县政府的工作要求，或是民政局自身的部门工作安排，W 县几乎每年都开展一次城乡低保的专项整治。

问：那“存量”部分会不会三两年统统复核一遍？

答：会。现在上面每一年两年呢都会布置一个专项整治，会对留存的这块(进行整治)。因为这个是动态管理的，肯定会有所变化的，（比如）以前很苦，现在孩子都大了；以前子女读大学，现在子女都出来参加工作了，这个家庭（经济状况）改变了。要他去自觉地申请退出，他是不会的。就通过这些专项整治啊举报啊这些途经，我们就取消掉。自觉退出的就极少，“我的生活条件改善了，我可以不用享受低保了”，这种姿态呢目前群众还达不到。

问：就是说好些不符合条件的申请到了低保并不会有羞耻感？

答：不会（有羞耻感）哦，引以为荣哦。“我弄得到喔，我和村干部熟，我弄得到（低保)”或者“我和局长关系好，我和各个层面的工作人员打了招呼，我有面子”。一点羞耻感都没有！好多是自己在上班，“给我阿爸妈妈搞个低保来”，堂而皇之地跟我们打招呼哦。我想他们一点羞耻感都冇哦。

——对民政局社会救助股股长 MZ1 的访谈

问：那你了解到的或者接触到的，有没有这种情况，低保家庭的收入提高了，生活水平提高了，主要要求退保的？

答：冇这样的。这个（情况）没有遇到过。

问：按您从事民政工作这么多年的感受，为什么老百姓会有这种思想，即“低保的钱不花白不花”？

答：是这样的意思，他会怕钱多吗?!

——对北路镇民政所前所长 MZ3 的访谈

问：您工作中是否有低保对象经济状况好转之后主动要求退出低保的？

答：我上班了这么多年，我上门去了说要取消的就有，自己直接到我所里说（主动要求退出）的就冇。

——对大河镇民政所所长 MZ5 的访谈

问：是否有低保对象主动要求退出低保的？

答：冇主动退出的，大家巴不得多领两年子，怎么会主动要求退出？冇这么高觉悟的人。只有家庭经济状况好转，经村民代表大会表决（取消其低保待遇），冇这么自觉的人。

——对北路镇小桥村村委会代理主任 CG2 的访谈

问：有没有家庭经济好转之后主动要求退出低保的？

答：这个冇，冇这样的。不要说主动，有时候做工作（让他退出低保）都不好做。

问：为什么村民会有这样的想法，不愿意主动退出呢？

答：这种呢，外面说的怎么样的都有，什么开小车领低保的。我们农村里好像觉得“他们更有钱的都这样，我们理所当然（享受着，不该退出）”，他们好像以有低保为荣。本来呢这个（政策）好像是“做食不到”（笔者注：指通过自己的劳动没有办法获得基本的温饱），属于这种情况。

——大河镇洪北村支部书记 CG3 的访谈

在笔者的调查中，访谈对象普遍提及并给予高度评价的是 2012 年 3—5 月开展的为期三个月的专项整治。这次专项整治的最大特点是得到了县委、县政府主要领导的支持，纪委监察局全程参与，民政局成立清理整顿领导小组对各乡（镇）挂点指导。由于得到了县委、县政府的重视，清理整顿力度空前，各乡（镇）制定了工作方案和工作措施，组织了清理整顿工作人员，在民政局的指导、监察局的监督与村委会的协助下，按照属地管理的原则，对辖区所有农村最低生活保障对象全部逐户上门调查，进行重新审查、民主评议与张榜公示，重点解决人情保、关系保和与户口在本地而长期在外生活且联系不上的，以及审批手续不规范、低保档案资料不齐全等问题。同时，整治活动要求对重新审查后仍符合保障条件的保障对象重新填写申请、调查与审批表，对拟纳入的保障对象严格按照“三查、三评、三公示”的程序办理。经过地毯式的清理，当时全县农村最低生活保障在册保障对象 8031 户 12911 人，核查取消了 1388 户 2068 人，占保障对象人数的 16%。

问：您原来工作的时候有没有亲自参加过听证会？

答：参加过。特别是前年，我们县里统一由纪委牵头，（因为有人）反映了有部分低保（对象）啊存在这个人情保、关系保，反映了之后呢就在全县范围呢进行了清理、整顿，把这些（低保）对象呢全部进行重新评议、听证，然后公示。这个叫作“三级评议，三级公示”。

问：这（“三级评议，三级公示”）有没有做到位呢？

答：前年检查的时候是做到了的。村里面先进行评议、听证、（公示），以后呢，报到镇里，镇里评议以后呢又公示，公示以后呢把这个结果报到县里，县里又进行公示。

问：那就是说确确实实公示了3次。

答：是的。前年意思是在县纪委的牵头下，做到了这个“三级评议，三级公示”程序。

问：现在呢？现在这个程序执行得怎么样？

答：现在呢是这样，不管县里领导也好，或者局里领导也好，甚至是镇里领导，会批得个把子，（这些人）不太符合。为什么不太符合（还要批准）？（领导）怕闹，怕人家闹。有个别对象（指个别人）啊，跑到县领导那说他很苦（笔者注：指生活过得艰苦）；有的呢不是十分苦，是上访对象，领导呢就怕他（指上访对象）上访呢罚他的钱（笔者注：指村支两委主要负责人、乡（镇）党委、政府主要负责人会因为所在辖区有上访户而受到上级的经济处罚），那（领导觉得）“闹就不如静”，干脆就批1个（低保名额）给他。

——对北路镇民政所前所长MZ3的访谈

问：你原来有没申请过？

答：口头申请过……拿我来说，我们村里这块弄得不怎么好。前年子抓了一下，然后才略略好一点。上次也是村民知道有些（不符合条件的）人在领，那么村干部就交出了一部分（不符合条件的）。有的村闹了事，闹到县里，县里就一整顿。整顿之后略略好一点了，但是这么多突出的问题还是解决不掉。……（但）像现在还是按照老框框，我看我村里的还是老框框，（原先）是谁领的还是谁领。

——对北路镇松涛村普通村民PT4的访谈

2012年清理整顿之后的2013年，除年底常规“验证年审”外，W县未对农村最低生活保障进行专项整治。2014年7—9月，W县民政局根据上级部署开展了一次社会救助专项整治，根据整治方案，在低保方面要求各乡（镇）全面核查现有保障对象的家庭经济状况，其中重点核查收入来源不固定、成员有劳动能力和劳动条件或群众有异议的低保家庭，同时要一并对本乡（镇）困难群众全面调查摸底，及时增加符合条件的困难群众纳入低保，防止“漏保”。民政局成立了专项整治领导小组，除局长之外的7名局领导班子成员各带领一个督查组到各乡（镇）按不低于30%的比例入户抽查，其中对低保经办人和村支两委干部近亲属的低保对象，以及有疑问、有举报或其他需要重点调查的低保对象全部入户调查。

问：最近有没有去家里调查的工作安排？

答：现在这段时间呢局里分了7个组，由7个领导带队，专项整治。12年搞了一次大规模的专项整治，这次专项整治呢是我们部门布置的，没有通过县一级的层面。

问：政策保等情况你们是知道的，那你们主要整治哪块呢？

答：这次整治的主要是人情保、关系保，也就是说不符合条件的。

问：但是如果按家庭人均月收入220元为标准来看，大部分低保对象都是不符合的呀。

答：最后这种整治效果是比较轻微的。（但）有些通过整治，效果多少有一些，比如死亡掉了的，那些家伙不及时报，而村干部又装不知道，多让他领一年半载；所里就那么几个人，他们也不知道。那通过这么一查呢，死亡人员可以清理（出）一部分。那确确实实条件十分好，通过人家举报的，我们专门去看，核实一下。有人家举报哦，确实不符合，核销掉。通过今年的整治，到目前为止，核减了1160多人。所以说这个整治有效果还是没效果？多少都还有点效果的。但是呢指标核掉以后马上就要补上去，“我村里核掉3个，我还有3个很困难的，要弄上去”，那么有新增980多人，但是整个都还是在可控的指标范围之内。

问：就是说你们这次整治清理的主要是已经死亡的和有人举报的确实不符合的低保对象？

答：是的。还有民政所的层面所掌握到的，但通过他们去核，他们直接得罪村干部，得罪当事人，他们（希望）通过借助县一级来（处理），他们会说：“县里核掉的哦，不干我事哦。”这样就有一个缓冲。

——对民政局社会救助股股长MZ1的访谈

（二）动态管理的效果：成效微弱

W 县农村最低生活保障通过整治，保障对象死亡，家庭经济状况明显好转，显著的人情保、关系保等得以清理，在一定程度上实现了保障对象的动态管理。但这种专项整治式的动态管理效果仍然不明显。首先，普遍存在的失地农民、二女结扎户的政策保并不会在整治行动中取消。政策保获得了县委、县政府的认可，民政部门无法取缔，甚至在纪委监察介入的清理整顿中继续留存下来。其次，保障对象规模指标化下，清理出来的指标将继续被同样的多重干预之下的村庄筛选法确定的保障对象占据。

第四节　监督激励

虽然是通过村庄筛选来确定保障对象，但按 W 县新的操作规程，乡（镇）民政所将对申请低保家庭 100% 入户调查，县民政局则抽取其中的 30% 入户调查。县、乡（镇）两级民政工作人员开展入的入户调查中，如果发现申请人及其家庭拥有“出格”的收入与财产，会不予批准。也就是说，村庄筛选保障对象并不意味着县、乡（镇）两级民政部门放弃了低保工作的管理，管理的手段主要是监督激励。

一、监督激励的作用

监督既包括对申请家庭、保障对象的监督，也包括对县、乡（镇）、村三级最低生活保障机构及工作人员的监督。前文提及的张榜公示、动态管理属于前者，在本节中讨论的监督属于后者。监督是确保农村最低生活保障政策有效执行的重要手段，政策文本中不乏对监督的规定。民政部曾专门发文要求建立监督检查机制［《关于建立健全社会救助监督检查长效机制的通知》（民发〔2013〕161 号）］，《暂行办法》亦有对监督管理的专门条款，W 县也依据上级政策文本制定了农村最低生活保障监督制度。

监督需要配套相应的奖励和惩罚，即正激励和负激励。从政策执行的角度来看，激励可以提高政策执行主体的工作效率，是政策有效执行的前提条件之一，甚至有学者认为“政策执行中的问题常常可以归纳为激励失败”[①]。只有农村最低生活保障政策执行在其工作考核中占据足够的权重（分值），才能够引起执行者足够的重视。在W县，农村最低生活保障作为民生工作的一部分进行考核。

二、监督激励的执行情况

（一）监督乏力

“条块体制”下，中央政府通过中央部委和地方政府两条轨道同时执行自己的决策，地方政府的各个部门受到地方政府和上级对口职能部门的双重领导[②]，这同样适用于县和乡（镇）两级政府。W县民政局可以利用政策文本赋予的保障对象的最终审批权和补助资金的发放权，对乡（镇）政府执行农村最低生活保障政策进行监督检查，但乡（镇）政府也可以发挥其所掌握的信息优势等对抗民政局的监督检查。最为重要的是，对于民政局与乡（镇）政府共同上级——W县政府默许的失地农民低保、二女结扎户低保等政策保，民政局无能为力。

问：能否这样理解，每次的低保对象调整都不会触及其中的二女结扎户？

答：不敢去动他们哦。也就是说除非上面审计查出问题，县级层面（清理整顿时）解释是纯女户，也就算了。因为它（县里）也晓得乡（镇）（计划生育）工作的难度是不是，虽然你现在是这个部门（的领导），下次你弄到我这个部门（当领导），看看你又怎么办。因为领导是可以调动的，不要这个部门你就这么牛，下次就弄到我这个部门来，好比武局（W县民政局现任局长）下次可以调去计生委去，就这个意思。所以我们基层官员呢有些事情都不会做得很绝的。

……其实上面晓得的，100块钱其是它能够用到六成到位就已经很满足了，另外四成是否到位无所谓的。只要这个东西平稳，不要出现很矛盾的东西，对他们来说就可以了。就包括我们这些实际做事的人晓得很多不到位，我

① 张金马主编：《公共政策分析：概念·过程·方法》，人民出版社2004年版，第114页。

② 魏姝：“府际关系视角下的政策执行——对N市农业补贴政策执行的实证研究”，《南京农业大学学报（社会科学版）》2012年第3期，第94—101页。

也冇办法改变，我晓得这块政策保是不对的，我敢去弄（笔者注：“纠正”的意思）吗？我也弄不过来。县领导也晓得这个失地的征地的纯女户之类的很多不符合的，为了他的工作好做，他就给他们，他是无所谓哇，没有把这个钱（低保资金）看得很重啊。

——对民政局社会救助股股长 MZ1 的访谈

W 县农村最低生活保障也建立了乡（镇）和村干部家属及其亲属纳入低保报告备案制度、低保责任追究等制度来遏制人情保、关系保。前文已经论证，通过对家庭经济状况进行调查来判定是否给予保障待遇，在 W 县的农村没有可操作性，这就给一些领导干部及低保经办人员违反政策规定审批保障待遇提供了机会。除了费孝通的“差序格局”外，亨廷顿的“下级官员贪腐论”也可以很好地解释这种行为：与高级官员相比，“下级官员则有机会去贪污腐化，来弥补他们在政治上没有取得显赫地位的缺憾，从小规模贪污实惠中得到的慰藉减轻了他们对高级领导人权力的忌妒心”①。因此，在农村最低生活保障政策本身先天不足的情况下，现有的体制很难做到“谁调查、谁审核、谁签字、谁负责”。

（二）激励不足

如前文的分析，县、乡（镇）两级政府在“压力型体制”下实际上将农村最低生活保障视为软指标、非中心政策（二线政策），因此县、乡（镇）两级领导对低保工作并不重视，只求“不出事即可”，并不会像其他工作那样对执行机构及其工作人员采取优厚的经济、政治激励。以村委会为例，虽然 W 县的农村最低生活保障倚重村庄筛选保障对象，但村干部并不会因为较好地完成工作而获得显著的激励。根据 W 县《村级班子和村干部绩效考核指导意见》，县委组织部每年将牵头组织对全县村级班子与村干部（定补干部）的绩效考核，考核内容包括农业农村工作（农村基础设施建设、村容村貌、产业发展、危旧房改造、果树病虫害综合防控）、基层组织建设、人口和计划生育、社会管理综合治理（信访维稳等）、“深入联系群众”（“群联”）工作、

① ［美］塞缪尔·P. 亨廷顿：《变化社会中的政治秩序》，王冠华等译，上海人民出版社 2008 年版，第 52 页。

民生工作、森林防火、违法用地和违法建筑（“两违”）治理及其他重点工作。如下文所示，W 县村级班子和村干部绩效年度考评实行百分制，同时对重点工作实行扣分加分制。

考评实行“百分制”，对各项工作赋予不同分值，基础分为 100 分。其中：

（1）农业农村工作 30 分；

（2）基层组织建设 15 分；

（3）人口和计划生育 15 分；

（4）社会管理综合治理（信访维稳等）15 分；

（5）“群联”工作 15 分；

（6）民生工作 10 分。

在“百分制”基础上对以下年度重点工作实行扣分加分制：

（1）森林防火工作实行扣分制，扣分的最高分值为 5 分；

（2）“两违”治理工作实行扣分制，扣分的最高分值为 5 分；

（3）防汛、地质灾害防御工作实行扣分制，扣分的最高分值为 5 分；

（4）果树病虫害综合防控工作实行扣分制，扣分的最高分值为 10 分；

（5）征地拆迁工作实行加分制，加分的最高分值为 10 分；

（6）其他重点工作，由各乡镇根据实际确定 1—2 项重点工作，加分或扣分的最高分值为 10 分。

考核内容由各乡镇根据实际情况自行确定，须上报县委组织部备案。

村级班子和村干部民政工作考核细则（总分：3 分）

考核内容	分值	考核评分标准
农村最低生活保障工作	0.5	严格按低保申请、审批程序为符合条件的村民办理农村最低生活保障，低保申请对象出现到市级以上部门上访的，此项不得分
农村五保工作	0.5	鼓励散五保供养人员入住敬老院；五保供养金按时发放到位
农村大病救助	0.5	做好宣传发动工作，严格按照文件规定，帮助本村符合大病救助条件的村民进行大病救助申请

续表

考核内容	分值	考核评分标准
社会救济、优抚	0.5	全面完成工作任务，出现一次布置无故不做引起群众不满的扣0.2分，发现问题后补做、迟做扣0.2分
殡葬改革工作	0.5	及时上报并做好殡葬改革工作得0.5分，发现1例土葬的或1次强制执行殡改执法的不得分
“两老”补助	0.5	“两老”补助落实到位，不盲报、不漏报，发现“两老”补助中弄虚作假的不得分

——W县委组织部《关于对全县村级班子和村干部实行绩效考核的指导意见（试行）》

我们可以发现，在村级班子和村干部的绩效考核中，包括农村最低生活保障在内的民政工作并不属于W县确定的重点工作，做得再好也不会像征地拆迁工作那样加分，做得再差也不会像果树病虫害综合防控等工作那样扣分。民政工作实施常规考核，其中最低生活保障分值为0.5分。根据这样的考核安排，某村的农村最低生活保障工作即使出现“低保申请对象出现到市级以上部门上访”而不得分，也远不足以对该村村级班子和村干部的绩效考核产生实质性的影响。

第五节　政策捆绑

随着社会救助政策的陆续颁布、实施，各项政策之间逐步实现了“对接”，现行社会救助体系救助资格的确定主要以是否是最低生活保障对象的“身份”为基础，其他各项救助与之“捆绑”①。

一、政策捆绑的作用

本节讨论的“政策捆绑”体现为最低生活保障在社会救助体系中处于基础性地位，最低生活保障对象“自动纳入”医疗救助、教育救助、住房救助

① 李春根、赖志杰：“论城乡一体化社会救助体系的构建”，《财政研究》2010年第3期，第31—35页。

与就业援助对象范围。对最低生活保障对象实施综合救助有其合理的一面，但无疑提高了低保待遇资格的“含金量”，因此有研究认为它是导致“骗保”的重要原因①②。在W县，这样的政策设计不仅是部分农村居民积极申请低保甚至不惜隐瞒家庭经济信息，走人情、托关系的重要原因，也是各级干部（包括低保政策执行工作人员）干预低保工作，违规给予人情保、关系保的重要原因。

二、政策捆绑的执行情况

在此以W县农村最低生活保障与医疗救助捆绑为例进行典型分析。在W县民政局2013颁布的《关于进一步规范和完善城乡医疗救助制度的通知》中，农村最低生活保障对象与非保障对象的医疗救助待遇水平差距显著，保障对象不但可以享受参合资助、日常门诊救助与重特疾病门诊救助，而且在住院医疗救助方面没有起付线限制，享受更高的救助比例与封顶线（见表4－1）。按照该文件规定，支出型贫困低收入家庭成员患普通疾病住院治疗发生的医疗费用并不能获得救助。患17种重大疾病经住院治疗发生的医疗费用，经基本医疗保险报销后，医保可报范围内个人自付费用10000元以上的按50%的比例进行救助，且年内累计救助10000元封顶，并规定对支出型贫困低收入家庭的大病救助资金总额控制在该县当年医疗救助资金总量的20%，用完即止。

表4－1　　W县医疗救助待遇水平

	保障对象患者	非保障对象患者
参合	个人缴费部分由政府资助	不予资助
日常门诊	常补对象发生的日常门诊费用，经基本医疗保险报销后，医疗救助政策范围内个人负担部分按50%的比例给予救助，全年累计救助不超过1000元	不予救助

① 崔凤、杜瑶：“‘主动低保’与城市居民最低生活保障制度‘身份化’”，《华东理工大学学报（社会科学版）》2012年第6期，第69—74页。

② 何植民：“农村低保政策实施效果评价与分析”，《行政论坛》2014年第1期，第37—41页。

续表

	保障对象患者	非保障对象患者
重特疾病门诊	常补对象因治疗严重慢性病或重大疾病产生的高额门诊费用，经基本医疗保险及大病补充医疗保险报销后，医疗救助政策范围内个人负担部分按60%的比例给予救助，全年累计不超过10000元。救助对象当年门诊救助金额已经超出年封顶线，个人负担仍然较重的，可将门诊、住院封顶线合并计算给予救助，但当年累计救助金额不得超过门诊加住院救助封顶线之和	不予救助
住院医疗	①因患病住院治疗发生的医疗费用，经基本医疗保险及大病补充医疗保险报销后，医保可报范围内个人自付费用按50%的比例进行救助，年累计救助20000元封顶 ②患17种重大疾病的按70%的比例进行救助，年累计救助30000元封顶 ③此项规定救助对象中的14岁以下儿童因患17种重大疾病住院治疗，医保可报范围内个人自付费用按80%的比例进行救助，年累计救助50000元封顶	①普通疾病住院不予救助 ②已支付高额医疗费用或需长期依靠治疗维持而造成支出贫困的低收入家庭（支出型贫困低收入家庭）患17种重大疾病经住院治疗，对患病住院治疗发生的医疗费用，经基本医疗保险报销后，医保可报范围内个人自付费用10000元以上的按50%的比例进行救助，年内累计救助10000元封顶。对支出型贫困低收入家庭的大病救助资金总额控制在本县当年医疗救助资金总量的20%，用完即止 ③儿童患者不予特殊救助

注：17种重大疾病包括：尿毒症、恶性肿瘤（癌症）、重症肝炎（肝硬化或急性肝坏死）、脑中风、急性坏死性胰腺炎、系统性红斑狼疮、急性消化道大出血、急性心肌梗死、精神病、颅脑损伤、重要脏器破裂、脑性瘫痪、再生障碍性贫血（含白血病）、帕金森病、器官移植、重大外伤（50%烧伤成Ⅱ度以上或肢体粉碎性骨折）、先天性心脏病（需手术治疗的严重心脏病）。

需要特别指出的是，W县医疗救助对支出型贫困低收入家庭成员患17种重大疾病住院治疗发生的医疗费用设置的救助起付线——经基本医疗保险报销后，医保可报范围内个人自付费用10000元——亦属于当地的“土政策”，W县该文件所依据的X省的文件并没有设置医疗救助起付线，仅规定各地可根据实际情况设置救助封顶线。W县民政局社会救助股股长对此的解释是，“为了使医疗救助更具有可操作性”。同时，按政策文本规定非保障对象（支出型贫困低收入家庭患者）申请大病医疗救助还需要经过一定程序的身份认定，要向户籍所在地乡（镇）提出申请，经乡（镇）审核后，报县民政局审批，县民政局按照低收入家庭认定程序对申请对象身份进行认定。对符合条件的，要在村委会公示7天，公示无异议后批准其享受规定的医疗救助待遇，并将救助结果在村委会进行公示。

在原对低保边缘户大病救助的基础上，将住院救助范围扩大到支出型贫困低收入家庭大病患者。支出型贫困低收入家庭大病患者住院治疗发生的医疗费用，经基本医疗保险及大病补充医疗保险报销后，对其个人负担部分，医疗救助在政策范围内按50%的比例给予救助。各地要根据实际情况，合理设定救助封顶线，救助资金总额要控制在本地当年城乡医疗救助资金总量的20%以内。

——X省2013年颁布的《关于进一步规范和完善城乡医疗救助制度的通知》

（支出型贫困低收入家庭患特重大疾病住院治疗医疗救助）起付线呢按照上面的规定，符合条件的呢是没起付线的，但是我们县一级实际操作的时候呢定了起付线，要求非低保家庭大病救助有10000元的起付线是我们县里定的“土政策”，和上面的意图是相违背的。但是呢这给我们呢更好操作，所谓“大病”，出了百把块钱、千把块钱，按一般的理念来讲就不算大病。一般的大病花费随便都几万块钱以上，通过新农合、通过医保报销以后，自己还出了1万块钱以上，这个感觉起来与“大病”这个概念就比较相符。其实这个做法与上面的文件都是不相符的。

——对民政局社会救助股股长MZ1的访谈

不仅是医疗救助，新型农村合作医疗统筹补偿也给予农村最低生活保障对象更优越的补偿待遇。根据W县新农合的补偿方案，保障对象在乡级定点医疗机构住院，可报销费用不设起付线直接按90%比例补偿；在县级定点医疗机构住院，可报销费用不设起付线直接按80%比例补偿。

乡级定点医疗机构单次住院实行分段累加补偿，不设起付线，可报费用0—800元部分按乡级门诊统筹补偿比例65%报销，800元以上部分补偿比例为90%。农村最低生活保障对象、五保供养对象住院可报费用不设起付线，直接按90%进行补偿。

按定点医疗机构设立三级起付线，县（市、区）级定点医疗机构由300元提高到400元，县外定点医疗机构600元，非定点医疗机构800元。起付线以下为个人自付部分，参合农民每次住院均须按医疗机构级别扣除相应的起付线。农村最低生活保障对象、五保供养对象在县级定点医疗机构住院，可报费用不设起付线直接按80%比例补偿。

——W县《2014年新型农村合作医疗统筹补偿方案补充规定》

总之，农村最低生活保障与农村医疗救助、新型合作医疗衔接，医疗救助（补偿）待遇向保障对象倾斜，同时W县对X省医疗救助政策起付线的变通执行，拉大了保障对象与非保障对象的医疗保障待遇水平。因为无法掌握低保申请家庭的收入及财产状况，家庭成员患病成为低保具体经办人员、村民普遍认可的获取保障待遇资格的“硬性条件”之一。不少村民正是因为想要获取更有保障的医疗保障待遇，通过各种途径积极争取保障待遇资格，甚至由此滋生了更为严重的关系保、人情保。

问：有些人申请低保甚至“走后门”要低保待遇，其实是看重的低保待遇背后的诸如医疗救助、住房救助等其他待遇。这种现象您怎么看？

答：我按我的理解，别的地方我就不知道了，就你说的自己有病的，他自己也负担得起（看病支出），他自己咬咬牙也能顶得过去的，（但也）享受了低保的，这个肯定有。按我的理解，我都宁愿拿给他（这种人），我也不愿意拿给子女有能力负担也不愿意养父母的。我觉得有病，就我们农村里来讲，毕竟现在看病也贵。像我们这种（指因为看病而要求享受低保待遇的）一般也是重大疾病，癌症啊或者糖尿病啊白血病啊之类的，侧重这类东西。这块啊也不是说新农合那边报销更高，而是我们这里有一个大病救助，新农合报销以后啊我们大病救助这块有一个救助，如果你有低保就这个标准（指大病救助的起付线）比较低，“杠杠”比较低，就还可以救助一下。如果你冇低保，除了新农合（的报销补偿），就自己负责。所以我，包括我（们）所（里）的观点，对于重残重病（给予低保待遇），下来这么多村去了解，（发现）大家也比较理解，还是比较支持这个“政策”。如果说为建房子、搞经济适用房去申请低保的，如果冇什么病冇什么残疾的，最近这几年啊我们十分少批，一般不会让他们申请。但如果就刚才说的他有病，（但）咬咬牙又顶的过去的，他自己又申请低保的，我就不敢保证有批准了个把子了。如果家庭条件一般，生活条件还好，就为了那套房子，帮他申请低保就十分少。

——对大河镇民政所所长 MZ5 的访谈

大病救助一样（笔者注：比如大病救助），普通的（村民）就 1 万块钱以上（笔者注：指大病救助的起付线是 10000 元），他（低保对象）就百把块钱都可以。所以现在低保（名额）争得这么死（笔者注：指争得这么激烈）啊就因为太多的（优惠）政策和它捆绑在一起，脱开来啊就更少人争的哦。……现在他们争低保，你以为是争那每个月百多块钱咩？其实也不是，十分多人争那个低保，就（因为）十分多优惠政策，子女读书啊、大病救助啊、新型医疗保险啊……涉及方方面面哦。所以现在低保争得那么厉害，甚至求村干部的啊走人情、关系之类的，基本上总是涉及那些方面，你以为他就看中那百多块钱？最多的（1 家）就保 3 个，一个月 300 多块钱，济得到什么事（笔者注：指能起到多大作用）？现在 W 县的政策，你有“低保证”，你就（可以）新农合的（个人缴费部分）不用交、大病救助没有起付线，新农合的好像报销比例更高，还有子女上学……涉及方方面面的政策，它都向低保倾斜。所以走到下面，一个是难做到公平，然后政策也可能会“歪掉”（笔者注：指“走样”）。

——对平原乡政府驻村干部 XZ2 的访谈

问：就是说你们希望村民越不懂这些政策越好，这样你们的自由裁量权更大？

答：是的。（有些名额的分配）我的出发点是帮一下人家。比方（说）安婆婆，虽然她儿子收入高，但是医院里的优惠政策十分好，对低保户的政策十分好，基于这个才给她低保。

问：这就是所谓的低保政策的“含金量”高，安婆婆有低保证去看病……（被访谈人打断）

答：可以不用交合作医疗（的个人缴费部分），然后到医院报销补偿更多。实际上大家也不希望自己家人病哇，常年有病。也有人说拿个低保（名额）给他，那我就跟他说：“如果你和她（安婆婆）一样的话，那就给你一个。”（好端端地给他一个低保名额）有可能的。她（安婆婆）也是无奈，这也就是拿给大家一个“参照”。不可能说，哦，你都博士（学位）的人了还要低保，那大家也不允许啊。如果说他家有长病人，那大家也可以理解啊，大家有可能是默认也好，就认可也好，（反正都不会提出异议）。一般都是这种情况，咱们村里。

问：就是因为现有的这些违规操作让低保政策的目标发生偏离。就我们刚才讨论的，低保实际运行的情况和国家政策规定的出发点是不同的。

答：应该（是）不同。你享受低保，其他的你不（再）享受才对。

问：什么意思呢？

答：就是你享受低保啊，像医疗补偿（医疗救助）啊要和低保分开。

问：哦，我理解您的意思，您的意思是是低保政策和其他政策不要捆绑在一起，将医疗救助、教育救助与医疗救助等与低保剥离开。你为什么主张要将这些政策剥离开？

答：为什么要剥离开来咩？是这样，低保（相关）的优惠政策越多，就越多人想要获得低保，他们希望使用低保这个平台，凭低保这个平台来享受其他福利。

问：但是这些政策进行“捆绑”，国家的出发点是对贫困人口的救助应该是综合救助，不但要解决他们的基本生活问题，还要解决他们的教育问题……（被打断）

答：那问题是这个出发点（本身）就违背了国家本来的（政策）意向。国家的意向是这样的，冇错，（防止）因病返贫、因教返贫。但是实际上就是违背了啊，（压低声音地说）W县就有十分有钱的人还享受低保的，就是这个问题。打个比方说低保（家庭）子女中考有加分，或者是有奖学金补助，那（低保指标）就更抢手了。……他（即申请低保的村民）的出发点不是为了低保每个月130元、170块钱的（补助金），还有很多附带的东西。

——对平原乡富中村村主任CG1的访谈

问：现有的低保政策与其他救助政策捆绑的做法您觉得是否合理？

答：不合理。有低保，大病救助就要（新农合现行报销后余下的）1万块以后的才补（偿），有低保的不计金额（笔者注：指不设起付线）。我的理解，通过发的钱（指低保补助金），低保对象已经在生活上拉平到了一般群众，而医疗救助还要区别对待低保对象与非低保对象，这个不对的。

——对北路镇小桥村村代理主任 CG2 的访谈

问：我们村是不是也没以家庭为单位进行保障，而是保障部分家庭成员的形式？

答：现在各个村普遍来讲都（把低保名额）分开了，没有说整户整户保。……拿我们村来讲，别的村我就不知道了啊，大病这块低保户是受益比较大。为什么呢？真正低保（本身）一个月才百把块钱（补助金），一年算下来才 1000 多块钱，大家对这个 1000 多块钱（的）意义呢好像冇这么大期望。主要呢是大病这块呢，真正要长期要食药的啊日日如此的，食很多药的，这个呢上面医疗费报销（医疗救助）的啊低保这块是不受金额限制。所以呢从我们村里出发来讲，尽量让（家里有重病人、慢性病人的家庭）能得到的实惠多得到一块来，至于说百把块钱呢，大家相对来讲冇看得那么重。

问：您觉得低保政策和其他的医疗、教育、住房救助进行捆绑的设计是否合理？

答：刚才讲的，百把块钱更没有看重，背后的优惠还更大。这样的设计不太好，（社会救助）应该面向整个社会啊，（“捆绑”后）好像所有的都落在低保对象头上。

——对大河镇洪北村支部书记 CG3 的访谈

可见，农村最低生活保障政策与其他救助政策“捆绑”有其合理的一面，但保障对象与非保障对象在这些救助项目上的待遇差别也确实提高了最低生活保障待遇资格的吸引力，尤其是地方政府和主管部门对政策“捆绑”的变通执行进一步提高了最低生活保障待遇资格的“含金量”。进而言之，不少农村居民对最低生活保障的渴求实际上是对更为全面更有保障的社会保障的渴求，不能将一些走人情、托关系获取低保待遇资格的行为片面地归因于道德问题，而应该从“捆绑”政策的设计及农村社会保障整体建设方面寻找答案。

第五章

农村最低生活保障政策执行的完善建议

从全国层面来看（见表5－1），自2007年农村最低生活保障全面实施以来，保障对象规模先是快速增长，2008年的保障对象规模是4305.5万人，同比增长超二成，2009—2010年的保障对象规模增幅也有约一成。2011—2013年的保障趋于稳定，增幅细微，其中2013年保障保障规模为5388万人，是农村最低生活保障政策建立以来的峰值。2014年后的保障规模逐渐缩小，2018年的保障规模为3519.1万人，比2017年减少约13.0%，主要原因为精准扶贫的实施，农村贫困人口在减少。2007—2018年，农村最低生活保障的财政资金投入总额、保障标准都呈增长趋势。从民政部统计公报披露了人均补助水平信息的2007—2015年来看，农村最低生活保障人均补助水平也在逐年增长。

表5－1　　　　我国农村居民最低生保障实施概况

	2007年	2008年	2009年	2010年	2011年	2012年	2013年	2014年	2015年	2016年	2017年	2018年
保障规模（万人）	3566.3	4305.5	4760	5214	5305.7	5344.5	5388	5207.2	4903.6	4586.5	4045.2	3519.1
年增长率（%）		20.7	10.6	9.5	1.8	0.7	0.8	－3.4	－5.8	－6.5	－11.8	－13.0
财政投入（亿元）	109.1	228.7	363	445	666.7	718	866.9	870.3	931.5	1014.5	1051.8	1056.9
年增长率（%）		109.6	58.7	22.6	49.8	7.7	20.7	0.4	7	8.9	3.7	0.5
保障标准（元）	70	82.3	100.8	117	143.2	172.3	202.8	231.4	264.8	312	358.4	402.8
年增长率（%）		17.6	22.5	16.1	22.4	20.3	17.7	14.1	14.4	17.8	14.9	12.4
人均补助（元）	38.8	50.4	68	74	106.1	104	116	129	147.2			
年增长率（%）		29.9	34.9	8.8	43.4	－2	11.5	11.4	14.1			

资料来源：根据2007—2018年《民政事业/社会服务发展统计公报》（民政部规划财务司，http：//cws.mca.gov.cn/article/tjbg/）整理。

可以发现，农村最低生活保障规模经过了迅速扩张时期（2007—2010年）、稳定增长时期（2011—2013 年）和负增长时期（2015 年以后）。相对应地，农村最低生活保证政策执行也应从扩大救助数量转变为提高救助质量，非常有必要对政策建立以来的执行基本情况进行梳理、分析，以促进政策今后的高质量执行。前面两章从设标、觅标、干预、政策宣传、张榜公示、动态管理、监督激励与政策捆绑等方面入手，对样本县的农村最低生活保障政策执行作了全面的考察。本章将在此基础上，以史密斯政策执行模型为框架，对农村最低生活保障政策执行的完善提出建议。另外，也将结合样考察本县的访谈，对当前热议的社会工作介入最低生活保障政策执行进行讨论。

第一节　基于史密斯模型的政策执行完善建议

史密斯模型将政策执行过程中的众多影响因素分为理想化的政策、目标群体、执行机构与环境因素四类，并强调它们之间的互动。通过第三章、第四章的分析，本书呈现了农村最低生活保障政策执行的基本图景，导致该政策出现执行偏差的因素也是复杂多样的。本节将以史密斯模型作为框架，对完善农村最低生活保障政策执行提出一些建议。

一、理想化的政策：完善财政资金投入政策

通过对农村最低生活保障现有政策文本的梳理与 W 县政策执行的考察，笔者认为财政资金投入方面的问题是导致农村最低生活保障政策执行出现偏差的关键性因素之一。政府的财政能力不是建立与发展农村社会保障的限制性条件①，政府有满足农村最低生活保障运行所需资金的财政支付能力②，这些早已成为学术界的共识。现有的政策文本已经确定农村最低生活保障资金由中央政府财政与地方政府财政共同投入，原则性地提出资金筹集以地方投入为主，省级政府加大投入，中央财政对财政困难地区给予适当补助。从实际情况来

① 郑功成：“农村社会保障的误区与政策取向”，《理论与实践》2003 年第 9 期，第 20—21 页。

② 关信平：“论建立农村最低生活保障制度的条件、原则及运行机制”，《文史哲》2007 年第 1 期，第 127—133 页。

看，农村最低生活保障财政资金投入整体上有两个特征：一是农村最低生活保障财政资金投入总额呈现非制度化增长，有的年份增幅大，如 2008 年高达 109.6%，有的年份小，如 2014 年仅为 0.4%；二是从民政部统计公报披露了中央、地方政府财政资金投入信息的 2009—2014 年来看，中央政府成为事实上的资金投入主体，历年中央政府财政资金投入占资金总额的比例都在 60% 以上，其中 2011 年占比超过了 75%（见表 5-2）。

表 5-2　　农村居民最低生保障财政资金投入概况

	2007 年	2008 年	2009 年	2010 年	2011 年	2012 年	2013 年	2014 年	2015 年	2016 年	2017 年	2018 年
财政投入（亿元）	109.1	228.7	363	445	666.7	718	866.9	870.3	931.5	1014.5	1051.8	1056.9
年增长率（%）		109.6	58.7	22.6	49.8	7.7	20.7	0.4	7.0	8.9	3.7	0.5
中央财政（亿元）			255.1	269	502.6	431.4	612.3	582.6				
中央财政占比（%）			70.3	60.4	75.4	60.1	70.6	66.9				
年增长率（%）				5.4	86.8	-14.2	41.9	-4.9				
地方财政（亿元）			107.9	176	164.1	286.6	254.6	287.7				
地方财政占比（%）			29.7	39.6	24.6	39.9	29.4	33.1				
年增长率（%）				63.1	-6.8	74.6	-11.2	13				

资料来源：根据 2007—2018 年《民政事业/社会服务发展统计公报》（见民政部规划财务司，http://cws.mca.gov.cn/article/tjbg/）整理。2007—2008 年与 2015—2018 年多项数据空缺是因为统计公报披露的中央、地方政府财政资金投入信息不全。

（一）财政资金投入政策缺陷的影响

中央政府与地方政府财政资金投入关系没有具体化、制度化，除导致投入金额的波动外，还进一步影响了各地保障标准的调整。中央政府是事实上的资金投入主体，它在保障标准调整的问题上持谨慎态度。保障标准过低，虽然承担的财政资金支出责任小但保障效果差，这显然有悖于中央近年来提出的以人为本、构建和谐社会、新农村建设等；完全按照实际的经济社会发展水平、物价水平、消费水平等因素提高保障标准，又意味着中央政府将承担较大的财政资金支出责任。地方政府依赖中央政府（上级政府）的财政资金投入，对当地保障标准的测算与调整通常持消极态度，因为更高的保障标准，或者在上级政府制定的保障标准基础上加以调高，意味着本级政府财政资金投入要增大。

即使本书研究的样本县仅需负责 20% 比例的财政资金投入，依旧出现财政资金不配套或不足额配套的问题，结合当地实际提供保障标准更是不可能。基于这样的博弈，便出现了农村最低生活保障政策实际执行中，上级政府既制定保障标准又规定保障对象规模的现象，也就是所谓的“低标准，广覆盖”。制定统一的保障标准有利于避免各地（县级行政区域）农村最低生活保障政策的碎片化。但我国长期执行不均衡发展战略，不但地区之间、省之间社会经济发展不均衡，省级行政区域内各市级行政区域、县级行政区域也往往存在不均衡，因此本书研究的样本县所处的 X 省制定全省统一的保障标准的做法有待商榷，究其根源，笔者认为仍然是所需资金的分级分担未予以规范化、制度化。

（二）完善财政资金投入政策的建议

综上所述，现有政策文本，尤其是《暂行办法》对所需资金如何在中央与地方各级政府间分级分担规定的回避是农村最低生活保障政策最大的不足。吕学静在《暂行办法（草案）》征求意见稿发布时就曾指出：“社会救助是政府责任，需要在《办法》中单列出一章明确经费保障，特别是要明确中央财政和地方财政的关系。”[①] 地区间的非均衡发展以及现行的分税制财政体制，导致农村最低生活保障所需资金在中央与地方政府之间的分级分担方案的设计具有一定的复杂性。郑功成在主持的“中国社会保障改革与发展战略研究”项目的最终成果中，提出现阶段资金的筹集应该应中央政府为主，中央政府承担的拨款不应少于 50% 的政策建议[②]。杨立雄（2011）曾设计两个所需资金的分担方案并进行了论证检验：方案一是将最低生活保障标准区分为食物线与非食物线，食物线支出由中央财政负责，非食物线支出及工作经费支出由地方政府负担；方案二是借鉴美国 AFDC 及 Medicaid 计划中联邦与州政府出资比例公式，将我国最低生活保障所需资金分担公式设计为“中央负担比例 = 100 - （省人均可支配收入^{a} ÷ 全国人均可支配收入^{a}） × b”，其中 a = 2 或 3，b = 20，

① 侯雪竹：“社会救助法搁置，降格为暂行办法”，《京华时报》2014 年 1 月 27 日 C02 版。

② 郑功成、杨立雄：“中国社会救助改革与发展战略（核心报告）：从生存救助到综合救助”，载郑功成主编《中国社会保障改革与发展战略（救助与福利卷）》，人民出版社 2011 年版，第 1—37 页。

25，30或35，人均可支配收入等于计算时点前三年的平均值①。孙睿（2012）在其博士学位论文中，提出中央、省、市、县政府之间均按7:3的比例，即分别承担所需资金的70%、21%、6.3%、2.7%的分级分担方案②。笔者也曾撰文建议上级政府参考下级政府的经济总量、财政状况及人均收入等因素制定分级分担比例，如福建省实施农村最低生活保障政策之初以各县（市、区）的人均财力为依据来确定省、县两级政府财政资金的分担比例，45个财政转移支付县（市）承担30%，8个人均财力为1.5万—2万元的县（市）承担85%，其余5个人均财力在2万元以上的县（市、区）承担100%③。

制定全国统一的从中央政府到县级政府的农村最低生活保障所需资金分级分担制度不具有可操作性，而且分担比例的确定涉及已有的财政体制、各地非均衡的经济发展水平等复杂因素。但从中央政府到县级政府的资金分级分担比例要明确，否则各级政府都处于“观望”状态，将严重阻碍政策的执行。因此笔者认为可先将中央政府财政资金投入制度化；地方各级政府，即省级、市级、县级政府间的分担比例由各省（市、区）政府自行制定，以省（市、区）为单位报中央备案。从中央到地方各级政府财政应承担的资金比例一旦确定，就应加强对地方政府财政资金配套情况的监督检查，对不按规定配套或不足额配套的行为加大惩处力度，追究地方政府主要领导的责任，从而确保财政资金投入政策贯彻执行。省级政府可以统一制定保障标准，但也应允许、鼓励下级政府结合当地实际，自行增加财政资金投入、调高保障标准。

二、执行机构：加强建设与强化执行

农村最低生活保障自2007年全面建立实施以来，除了所需资金在中央政府与地方各级政府间的分级分担关系尚未明确外，政策本身基本上是全面的、完整的。农村最低生活保障政策执行出现偏差与执行机构本身也有很大关系，执行机构除了民政部门外，还包括财政、纪委监察、审计等其他部门。民政部

① 杨立雄：“最低生活保障制度存在的问题及改革建议”，《中国软科学》2011年第8期，第72—84页。方案的计算过程及效果检验请另行阅读该文。

② 孙睿：《农村最低生活保障问题研究》，山东农业大学，2012年。

③ 赖志杰、廖宇航：“建立农村低保资金分担机制的思考”，《江西农业大学学报（社会科学版）》2009年第3期，第58—61页。

门具体负责农村最低生活保障政策的执行，财政部门承担所需资金的筹措与拨付，纪委监察与审计部门主要负责对民政部门执行工作的监督。

（一）民政部门

对民政部门而言，亟待加强县级民政部门农村最低生活保障业务股室、乡（镇）民政所人员队伍建设，保障工作经费。从本书研究的样本县来看，县、乡（镇）两级民政部门工作人员队伍年龄结构老化较为严重，能干活、愿意干活的工作人员不足，导致了县级民政部门借调乡（镇）民政所年富力强工作人员的现象较为普遍，甚至也有被其他部门借调的。加上乡（镇）工作、生活环境较为复杂，乡（镇）民政所工作人员也乐意被借调。因此，首先要确保县级民政部门农村社会救助业务科室、乡（镇）民政所在编人员在岗。在编不在岗变相增加了在岗工作人员的工作量，也影响在岗工作人员的工作积极性，这就要求全面清理整顿借调与其他长期不在岗的情况。对于长期借调的，应与借调单位协商，无法办理正式调动手续的应限时返回工作岗位；对于长期请病假的，视健康状况或限时返回岗位或调离或办理退职手续；对于其他无正当理由长期不在岗的，督促其返回工作岗位，确实不愿意返回岗位的，督促其办理辞职手续。在此基础上就空缺编制报请组织人事部门选调或招考，做到满编满岗。选调或招考时，首先考虑拥有社会工作专业教育背景、工作经历的人员。满编满岗情况下工作人员工作仍然负荷重的，县级民政部门应积极争取党委、政府的支持，酌情增加编制或额外配备公益性岗位。另外，基层大量存在的“以会代训”对政策、业务知识的讲解通常缺乏系统性与深度，因此还应重视农村社会救助业务股室、乡（镇）民政所工作人员的继续教育与业务培训，提高他们对社会救助、最低生活保障政策的认识水平与工作能力。工作经费保障方面，县级民政部门同样要争取党委、政府以及财政部门的支持，落实政策文本要求给予保障的基本工作经费。工作经费应重点向乡（镇）民政所倾斜，乡（镇）民政所承担了大量的农村最低生活保障申请受理、经济状况调查、动态管理、政策宣传等工作，而且大部分工作的完成要求工作人员进村入户，因此工作经费的保障非常重要，也有利于提高工作人员的工作积极性。

县级民政部门农村最低生活保障业务股室、乡（镇）民政所的工作人员与工作经费的充足是农村最低生活保障政策得以充分执行的基础性条件，是扭转保障对象村庄筛选、加强政策宣传、改进动态管理等工作的人力与财力保障。另外，村委会在农村最低生活保障工作的落实中协助承担了一部分重要的基础性工作，因此业务培训非常有必要适当延伸至村级干部，并酌情给予村委会经费资助，专项用于低保的相关工作。

（二）其他部门

财政、纪委监察与审计等部门对落实农村最低生活保障政策有重要作用。如前文所述，财政部门承担着农村最低生活保障所需资金的筹措与拨付，具体审核民政部门编制的预决算。财政部门应严格按政策文本、上级财政、民政部门的要求，足额配套本级政府所应承担的资金。纪委监察应做好对民政部门最低生活保障政策落实情况的监督工作，重点检查民政部门是否按政策文本的规定的程序展开工作，查处各种违规违纪行为。审计部门应做好农村最低生活保障资金的审计工作，确保资金按政策文本的规定专款专用。

三、目标群体：政策宣传与公众参与的重要性

目标群体的政策的认识水平对他们是否遵从以及在多大程度上遵从政策有重要影响。除了主动搜集，农村居民认识农村最低生活保障政策更为主要的途径是县、乡（镇）民政部门以及村委会的政策宣传、解释工作。农村最低生活保障政策公平、公正的执行也离不开农村居民的广泛参与。狭义的农村最低生活保障政策目标群体仅指符合政策文本规定的申请条件的农村居民（及其家庭成员），广义的政策目标群体则包括全体农村居民。农村最低生活保障政策的有效执行需要加强对农村居民的政策宣传，也需要农村居民的广泛参与。

（一）加强政策宣传

“我们的政策，不光要使领导者知道，干部知道，还要使广大的群众知道。……群众知道了真理，有了共同的目的，就会齐心来做。……群众齐心了，一切事情就好办了。”[①] 毛泽东同志 1948 年 4 月 2 日对晋绥日报编辑人员

① 中共中央文献研究室、中央档案馆编：《建党以来重要文献选编（第二十五册）》，中央文献出版社 2011 年版，第 254 页。

的谈话虽已过去70年，但关于政策宣传重要性的伟大论断历久弥新。政策宣传是提高农村居民对农村最低生活保障政策的认知水平，进而促进政策执行，实现政策目标的重要手段。改进和加强农村最低生活保障政策宣传，可以从以下五个方面切入。

其一是重新审视政策宣传作用。不管是革命战争时期，还是新中国建设时期，中国共产党都高度重视政策宣传，甚至有学者将“注重政策宣传”视为“具有中国特色的政策执行的基本经验”之一①。承担农村最低生活保障政策执行的县级民政部门、乡（镇）政府，以及实际承担政策执行的行政村村委会应该重视政策宣传，使农村居民可以有多重渠道获得农村最低生活保障政策全面、准确的信息。有鉴于此，在对县级民政部门、乡（镇）政府和行政村村委会农村最低生活保障工作的考核中，还应加强对政策宣传的考核，突出政策宣传的权重。

其二是合理选择政策宣传方式。基于政策宣传对农村最低生活保障政策执行的重要作用，除配备政策宣传所需的必要的人力、财力外，选择何种宣传方式也需要予以重视。拉斯韦尔不仅是现代政策科学的建立者之一，也是传播学与宣传研究的先驱者，他认为：“就广义而言，宣传是通过操纵表述以期影响人类行为的技巧。这些表述可以采用语言、文字、图画或音乐的形式进行。”②因此，采用常见的广播、报刊、电视、互联网等传播媒体未必能取得较好的宣传效果，对宣传方式的选择除了要考虑技术的可行性外，更要考虑受众的信息接受能力。当前的农村地区，受教育程度较高的青壮年进城务工，老幼妇孺留守现象较为普遍，一些更为传统的、“落后”的宣传方式，如逐户分发传单、张贴宣传资料甚至工作人员入户宣传或许更为有效。

其三是相机突出政策宣传重点。根据政策宣传时间划分的不同，政策宣传分为超前宣传、同步宣传和滞后宣传。政策宣传必须适时进行，才能收到好的效果③。农村最低生活保障政策已经进入执行阶段：一是要做好同步宣传，对

① 陈振明主编：《公共政策分析》，中国人民大学出版社2003年版，第255—256页。

② ［美］沃纳·赛佛林、小詹姆斯·坦卡德：《传播理论：起源、方法与应用（第四版）》，郭镇之等译，华夏出版社2000年版，第107页。

③ 张金马：《公共政策分析：概念·过程·方法》，人民出版社2004年版，第410页。

执行过程中农村居民的疑惑及时进行解释，将农村居民对政策文本及执行流程的误解消灭在萌芽状态。二是要做好滞后宣传，阶段性梳理、总结执行过程中的问题，做好解释和说明，为进一步完善政策作舆论准备。同时，农村最低生活保障政策执行的全过程均要及时关注媒体有关农村低保政策方面的报道，尽量减少片面的、错误的报道的扩散，以正视听。

其四是切实保障政策宣传准确性。在农村最低生活保障政策宣传中，应该将准确性放在首位。县、乡（镇）两级民政部门工作人员以及村干部既是农村最低生活保障政策的执行者，也是政策的主要宣传者。农村最低生活保障政策的宣传者，事先要系统地学习政策文本，准确地掌握政策文本的内容；在向农村居民宣讲政策尤其是其中的认定条件、动态管理等规定时，要做到全面、客观，以免造成对政策的理解失之毫厘而差之千里。总之，对政策宣传的要求中，准确是第一位的①，要切实保障农村最低生活保障政策宣传的准确性。

其五是有效激发政策宣传积极性。各级政府按农村最低生活保障政策文本的要求，配备政策执行及政策宣传的工作人员、配发工作经费，这是激发县、乡（镇）两级民政部门工作人员及村干部政策执行积极性的基本途径。我国的农村地区地域辽阔，尤其是中西部山区农村居民居住较为分散，再加上教育程度较高的青壮年进城务工等因素，农村最低生活保障政策宣传要取得较好效果，客观上存在一定的难度。因此，激发村干部开展政策宣传工作的积极性，是确保政策宣传取得较好效果的有效方式。为此，有必要扭转由行政村村委会实际执行农村最低生活保障政策的局面，剥离村干部“政策执行者”的角色，仅保留“政策宣传者”的角色，使村干部可以摆脱政策执行过程中的矛盾的心理状态，较为单一地做好政策宣传工作。

（二）激发公众参与

公众参与是农村最低生活保障政策执行设计的应有之义，具体的参与方式有两条路径：一是农村居民以村委会为平台的有组织的参与，二是农村居民以个人名义的参与。前文对政策文本的梳理已经发现，随着农村最低生活保障政

① 徐光春：“把准确定放在第一位——党的政策宣传漫谈之一”，《新闻与写作》，1992 年第6 期，第1—3 页。

策的调整与完善，村委会在政策执行中的重要性在减弱，村委会处于“协助”的地位①。但仍然给农村居民有组织地参与农村最低生活保障政策保留了“口子”，更何况在政策实际执行过程中存在的诸如本书研究的样本县那样的倚重村委会的情况。现阶段，村委会村民自治组织的性质发生了异化，它的活动充满了被动性、迎合性与隐蔽性②，农村居民通过村委会参与农村最低生活保障政策执行之路不够通畅，产生了一些人情保、关系保。因此，县、乡（镇）两级民政部门借助村委会执行农村最低生活保障政策时，应该加强对村委会的监督，确保参与听证会（评议会）的村民的代表性。

本书在此着重强调的是改进公众参与，主要是改进农村居民以个人名义进行的参与。农村居民参与要求：首先，对政策有较为清晰、准确的认识，因此做好政策宣传工作是前提。其次，对低保申请家庭开展经济状况调查以及已保家庭经济状况复核时，应该对一定范围一定数量的村民进行访谈、求证，并做好张榜公示工作，保障村民的知情权。虽然各地已经开始着手建立居民家庭经济状况核查认定机构，但该类机构对农村最低生活保障申请家庭与已保家庭的经济状况核查效果仍然有限，通过张榜公示让本村居民参与监督，对确保保障对象认定的公开、公平与公正已然是很好的方式③。最后，民政部门以及纪委监察等部门应该设置便捷的举报受理渠道，重视村民举报的受理、办理、反馈与保密工作。这些看似简单、常规的举措，对培养、激发、保护农村居民的参与意识，促进农村最低生活保障政策的执行有重要帮助。

四、环境因素：强化政策认识与完善社会保障体系

政策执行环境对政策执行也会产生重要的影响。笔者认为以下两方面是农村最低生活保障政策执行的“大环境”，这两方面的跟进有利于极大地拓宽农村最低生活保障政策执行的“约束通道”。

（一）党委、政府强化政策重要性的认识

本书研究的样本县农村最低生活保障政策执行的图景清晰显示，该县的

① 具体参见本书第三章第二节。

② 陈治东：《公民参与下视角下的农村最低生活保障制度研究——以河南省商丘市为表述对象》，华中师范大学，2011 年。

③ 左玮娜：“识破救助申请‘障眼法’”，《中国社会报》2014 年 3 月 5 日第 1 版。

县、乡（镇）两级党委、政府并没有按上级政策文本的要求给予低保政策及政策执行应有的重视。地方党委、政府围绕上级重点考核的经济发展、人口与计划生育、社会综合治理等分配其所掌握的行政资源，执行农村最低生活保障政策所需的基本资源得不到应有的保障，甚至被转移用于执行其他政策。农村最低生活保障政策执行出现偏差的真实原因是地方党委、政府主要官员对政绩及与政绩相联系的职务晋升的追求，他们并不是不知道财政资金不予配套或配套不足、政策保等违反政策，但这些与政绩及职务晋升相比是次要的。我国实行的是党政一体化的政治体制，党委领导同级政府及下级党委、政府，党委还拥有任免权限，因此农村最低生活保障政策要得到较为充分的执行需要党委的重视，如林业改革得以短短数年在全国范围内完成，表面上看是靠各级林业部门卓有成效的工作，而实际上是靠党委"以党领政"下"高位推动"，省、市、县、乡、村五个层级的党委书记和村支部书记亲自担任林改领导小组负责人，"五级书记抓林改"①。

（二）继续完善社会保障体系

我国的社会保障由社会优抚、社会保险、社会福利与社会救助构成，其中社会优抚是国家与社会对军人及其家属所作的牺牲与贡献的补偿与褒扬，覆盖的群体具有特殊性且规模较小，不在本书的讨论之列。社会保险、社会福利与社会救助的性质不同，在社会保障体系中的功能定位也不同。社会保险在社会保障体系中居于主体地位，通常由国家通过立法强制实施，向履行了缴费义务的社会成员提供基本生活保障；社会福利是普惠型的，旨在提高全体社会成员的生活质量，起到"锦上添花"的效果；社会救助是选择型的，旨在保障社会成员的最低生活，起到"雪中送炭"的效果。现在的问题是，当前的农村社会保险项目，或建设滞后或待遇水平偏低，尚不能完全保障农村居民的基本生活，如旧农保实属自我储蓄型养老项目，因农村居民的参保积极性不足等原

① 贺东航、孔繁斌："公共政策执行的中国经验"，《中国社会科学》2011 年第 5 期，第 61—79，220—221 页。

因而停滞，而新农保的保障功能尚未完全发挥①。这样的问题同样存在于农村社会福利项目，针对特殊人群，如儿童、老年人、残疾人的普惠型福利迟迟没有建立。因此，当前农村居民更容易“坠入”社会保障的“网底”，向社会救助寻求帮助。最低生活保障是社会救助的基础，农村居民患病就医、残疾或年老而丧失劳动能力等通常都会带来日常生活困难，日常生活困难的农村居民往往也缺乏治病、子女教育等的支付能力，又进一步催生了最低生活保障与其他社会救助政策进行“捆绑”的必要性。因此，在今后很长一段时期里，除了继续加强农村最低生活保障建设外，还需要继续完善社会保险、社会福利，加大财政资金投入，构建完善的社会保障体系，并使其保障功能得以良好发挥，减轻农村最低生活保障的救助压力。

第二节　社会工作介入政策执行可行性及其路径

社会工作与民政工作有千丝万缕的联系。老一辈社会学家雷洁琼早在1983年就提出“民政工作就是社会工作”②，在1985年召开的第一届全国民政理论研讨会上又进一步提出“民政工作就是具有中国特色的社会工作”③；曾在民政部长期从事理论研究的卢谋华也指出，民政工作有社会工作之实而无社会工作之名④；王思斌（1995，2009a）将我国的社会工作划分为“本土社会工作”（“行政性非专业化的社会工作”）与“专业社会工作”，认为民政工

① 之所以推定新农保的保障功能尚未完全发挥：一是因为新农保仍处于试点阶段，且试点时间不长（始于2009年）；二是因为根据试点方案，“新农保制度实施时，已年满60周岁、未享受城镇职工基本养老保险待遇的，不用缴费，可以按月领取基础养老金，但其符合参保条件的子女应当参保缴费；距领取年龄不足15年的，应按年缴费，也允许补缴，累计缴费不超过15年；距领取年龄超过15年的，应按年缴费，累计缴费不少于15年”，这就是说大部分参保农村居民目前仍处于缴费阶段。详见《国务院关于开展新型农村社会养老保险试点的指导意见》（国发〔2009〕32号），中央政府门户网站，http://www.gov.cn/zwgk/2009-09/04/content_1409216.htm。

② 民进中央宣传部编：《雷洁琼文集》，开明出版社1994年版，第430页。

③ 王青山：“雷洁琼与中国社会工作——为敬贺雷老98华诞而作”，《民主》2003年第11期，第9—11页。

④ 卢谋华：《社会工作的理论与实践》，中国社会出版社2007年版，第23页。

作属于前者[①][②]。根据《暂行办法》第五十五条“县级以上地方人民政府应当发挥社会工作机构和社会工作者作用，为社会救助对象提供社会融入、能力提升、心理疏导等专业服务”，当前热议的“社会工作介入社会救助”是指社会工作者与社会工作机构的介入。萨拉蒙的政府—非营利部门伙伴关系理论在我国的社会治理与公共服务方面已经有了一些应用，部分社会工作发达的城市也已经出现了政府购买社会工作服务的实践，社会工作者、社会工作机构作为第三方承接本相关事务。

一、社会工作介入社会救助的新动向

《暂行办法》颁布后，民政部联合相关部门先后出台了《关于加快推进社会救助领域社会工作发展的意见》（民发〔2015〕88 号）（以下简称《推进发展意见》）和《关于积极推行政府购买服务 加强基层社会救助经办服务能力的意见》（民发〔2017〕153 号）（以下简称《购买服务意见》）。《推进发展意见》明确，在社会救助领域加快推进的社会工作服务包括社会融入、能力提升、心理疏导、资源链接、宣传倡导，同时支持社会工作服务机构和社会工作者参与社会救助家庭调查评估、建档访视、服务需求分析等管理与服务事务。笔者认为，《购买服务意见》是对《推进发展意见》的进一步强化与执行。政府向社会力量购买的社会救助服务分为事务性工作与服务性工作：前者主要是指基层经办最低生活保障、特困人员救助供养、医疗救助、临时救助等服务时的对象排查、家计调查、业务培训、政策宣传、绩效评价等工作；后者主要是指对社会救助对象开展的照料护理、康复训练、送医陪护、社会融入、能力提升、心理疏导、资源链接等服务。

从政策执行的视角来看，笔者认为，社会工作介入社会救助具体可以细分为对政策目标群体的介入与对政策执行主体的介入。前者是指在社会工作介入社会救助对象，社会工作者利用专业的理念与技能，分析救助对象多样化的非物质需求并提供有针对性的个别化服务；后者是指社会工作介入社会救助政策

① 王思斌：“中国社会工作的经验与发展”，《中国社会科学》1995 年第 2 期，第 97—106 页。

② 王思斌、阮曾媛琪：“和谐社会建设背景下中国社会工作的发展”，《中国社会科学》2009 年第 5 期，第 128—140 页。

执行，社会工作者、社会工作机构作为第三方承接社会救助的执行事务。由此可见，社会工作介入社会救助政策执行的两种方式与政府购买社会救助服务的两种类型是相通的（见图5－1）。

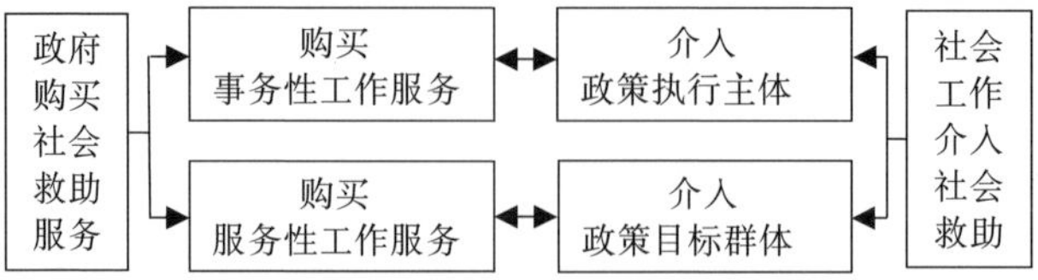

图5－1　社会工作介入社会救助与政府购买社会救助服务相通

本书研究的是农村最低生活保障政策执行问题，因此本节讨论的是社会工作介入农村最低生活保障政策执行的问题，即社会工作者、社会工作机构作为第三方承接农村最低生活保障的执行事务。从上述政策文本来看，社会工作介入农村最低生活保障政策执行，最核心的事务是对象排查和家计调查，即“觅标”——目标定位。

二、社会工作介入的优势

社会工作产生、发展于贫困救助，社会工作与社会救助同根同源，社会工作介入社会救助具有天然优势。普遍认为目标定位最能体现社会工作在社会救助领域的专业优势，从农村最低生活保障政策执行的角度而言，其优势在于提高目标定位的准确率与政策执行的公信力。

（一）提高目标定位的准确率

根据《暂行办法》的规定，农村最低生活保障的目标定位工作由乡（镇）人民政府负责，具体由乡（镇）民政部门承担，行政村村民委员会协助做好相关工作。需要村委会协助的工作，一是受农村最低生活保障申请人委托，代其向乡（镇）人民政府提交书面申请及相关材料；二是协助乡（镇）人民政府调查核实申请人的家庭经济状况，召开听证会。在考察样本县的农村最低生活保障政策实际执行中，行政村村委会的角色由“协助”变成了“主办”，乡（镇）民政部门的角色转而变成监督行政村村委会以目标定位为主要内容的农村最低生活保障政策执行。由此便产生了确定农村最低生活保障救助对象的家计调查变通为由村委会主持的“村庄筛选”。村干部掌握了目标定位这个关键环节的话语权，随之伴生了一些人情保、关系保，导致应保未保、保不应保、应退未退等瞄偏现象①。

问：刚才我们聊到前年村里换届的时候重新确定了低保对象名单，一部分是（评审会）与会人员一致通过的，另一部分是委托村支两委调查、确定的，但实际上这部分名额的分配出现了一定的问题。那我们设想一下，如果委托一个第三方组织来受理低保的申请、审核，由其向民政部门提供名单，您觉得这样的方案是否可行？

答：这个更好啊，更合理啊。

问：您为什么觉得这样更合理呢？

答：因为不是干部（身份）接触群众啊（群众），冇拘束，群众提供意见基本冇什么抵触情绪。第二个呢因为不是干部（身份），经常一起谈话，那有什么意见他（指普通村民）可以提出来。假如村干部（来调查听取意见）的话，他会说：“哎呀，提不到的，反正权都（是）你们的。”（笔者注：指村民觉得他们的意见不会被村干部吸取、采纳，所以他们没必要说出自己的意见）。

——对大河镇小溪村普通村民 PT1 的访谈

由专业的社会工作者来开展家计调查是国际通行做法，在我国的香港和台湾地区也有成功的实践②。孙莹认为，“社会工作最有把握介入的就是在居民家庭经济状况核对机制中发挥作用”③。社会工作者、社会工作机构作为第三方介入农村最低生活保障目标定位，开展家计调查，可以提高目标定位的准确率。一是因为避免社会救助政策执行主体在目标定位环节的变通执行，二是因为便于民众在对申请者进行家计调查时提供更全面的信息，同时激发监督热情。因为社会工作者的非官方身份，民众不必担心遭受打击报复，也有利于扩大民众参与目标定位的广度与深度。

---

① 赖志杰：“‘瞄偏’与‘纠偏’：社会救助对象的确定”，《理论探索》2013 年第 2 期，第 73—76 页。

② 唐钧：“‘十一五’以来社会救助发展的回顾及展望”，《社会科学》2012 年第 6 期，第 65—76 页。

③ 孙莹：“社会工作介入社会救助策略思考”，“社会救助与社会工作介入”研讨会《会议摘要》，北京大学，2014 年未刊稿。

（二）提高政策执行的公信力

通过前面章节对考察样本县农村最低生活保障政策执行的考察与分析可以发现，从行政村村委会的角度而言，成为实际执行者并承担目标定位带有很大的被动性。村干部普遍反映，这是一项“吃力不讨好”的工作。一方面是因为开展家计调查面临前述的客观实际困难；另一方面是因为作为置身于乡土社会之中的个体，村干部在保障对象的目标定位过程中面临来自上级领导干预、亲朋好友的施压，极易导致各方面的不理解、误会，甚至产生积怨。

问：低保由第三方组织来受理申请、开展审核以及日常管理，您觉得这样的方案是否可行？

答：这个拿我来讲可能还更好操作。

问：为什么呢？

答：很多东西（人情保、关系保）难免啊，大家都熟悉。这样做更有公信力，（村民）更信任。有些东西啊就该上级政府去落实、实施，（基层落实还是很犯难的）。

问：这样的方案下，低保的很多基础工作不再委托村里开展，您作为村里的主要负责人，您愿意么？

答：我个人觉得各个村应该还是愿意的。但主要呢监管这块要跟上去。这种方案下村里由主要承担变为协助。

——对大河镇洪北村党支部书记 CG3 访谈

由社会工作者、社会工作机构作为第三方来介入农村最低生活保障的目标定位，对政策执行主体是一种解脱。退而言之，即使社会工作介入农村最低生活保障目标定位未使准确率得以提升，甚至使其降低，政策执行主体却可以摆脱工作不力的指责，避免可能的目标定位偏差而遭受的骂名。总之，社会工作者、社会工作机构作为第三方介入目标定位可以提高农村最低生活保障政策执行的公信力。

三、社会工作介入的可行性

上述社会工作介入农村最低生活保障政策执行的优势可以理解为是农村低保政策执行对社会工作的需求，但这是未考虑可行性的抽象需求，可行性决定了抽象需求是否能够转化为现实需求。那么，社会工作介入农村最低生活保障政策执行是否可行？从宏观上看已经具备了一定的可行性，如前所述，国务院及民政部等相关部门对社会工作介入社会救助已经采取了积极的政策引导，介入农村最低生活保障政策执行是其题中应有之义，但可行性有待加强。

（一）基层对社会工作缺乏基本的认识

虽然社会工作专业恢复重建已逾30年，社会工作的职业化、专业化开展已有10余年，但从考察样本县的调查情况来看，干部群众，甚至连民政干部对社会工作的认识基本是模糊的。绝大多数受访对象表示，虽听过"社会工作""社会工作者""社会工作机构"等名词，但并不能表达或准确表达这些名词的含义，对社会工作介入社会救助、政府购买社会救助服务的认识处于空白状态。基层的大部分干部群众已经习惯了现有的民政部门主导的"行政化非专业"农村最低生活保障政策执行系统。这套系统有其自身的优势，在执行偏差不严重的情况下可以比较有效地完成政策文本规定的农村低保救助工作，它的行政资源协调、社会动员能力更是作为第三方的社会工作者、社会工作机构无法比拟的。由于对社会工作缺乏基本认识，部分基层民政干部、村干部对社会工作介入农村低保政策执行持反对或排斥的态度。借助于诺斯的制度变迁路径依赖理论，不难理解基层干部群众对此持反对态度的原因。总之，社会工作介入农村最低生活保障政策执行要获得认可并付诸实践，离不开基层干部群众治理观念的转变与对政府角色的重新定位，需要政府向社会与市场让渡一定的治理空间。

问：我还对一个问题比较感兴趣，想请教一下您：基于当前县局、乡（镇）民政所的工作人员不是很充足，低保的大量工作要委托给村委会去处理，但是村干部因为各种原因往往无法保证公平公正，那民政部门将低保申请的受理、审核以及日常管理委托给独立的第三方组织来处理，由第三方来提供符合的名单给民政部门，民政部门认可之后再按名单发放低保补助的方案是否具有可行性？

答：我认为这种做法不可取。

问：为什么不可取？能否听听您的看法？

答：我晓得你这个，这个有点政府购买服务的味道。那问题是你这个社会组织是否靠得住呢？这个没有试就不知道的哦，因为这些也是人，说“土”（笔者注：“简单”“直接”的意思）一些也是“中国的人”，也受这些传统的东西影响，一样子受影响的。他们的公平、公正谁来监督谁来保障呢？说“土”一些，我们都还是公务员、干部、职工，都党纪国法在监督我们，出了错都还可以问责，还可以追究我们的责任，这些人员，包括村干部，有时都还有私心都还做不好。都不相信我们这些人，相信社会组织，这个可信度啊还更低。我们民政的工作人员，业务上（有）上下级关系，即使是有偏差的话，我相信都不会偏到十分离谱。把这些业务拿给社会组织去做，我觉得就更加靠不住，这个是我的看法，不一定是对的哦，更多的东西我也说不清楚。

问：除了刚才讲的这些，您认为还有别的原因么？

答：我认为不可取。不是其他的什么公益性的东西，不是其他的政府做不了或者做不好的东西，其实这份工作政府是做得了而且是做得好的东西，这是我的理解。救助的东西一定是政府做得了做得好的一块工作，不可以因为畏难情绪一推了之，我认为这个思想都有问题，这个观念不对的。社会组织只能承担那块政府做不了做不好的方面的东西，这个是我的理解。

——对民政局社会救助股股长 MZ1 的访谈

问：你知不知道乡民政所有没有聘请社会工作者？

答：就（搞）社会调查的啊？

问：不是，就是……（被打断）

答：就是自主择业的（那些人）啊？

——对平原乡富中村村委会主任 CG1 的访谈

（二）基层的社会工作者、社会工作机构匮乏

自社会工作专业恢复重建以来，专业社会工作人才的培养、社会工作机构的发展得到了巨大的进步。有关统计数据显示，全国目前社会工作专业人才队伍总量达到了 76 万人，其中持证社工 28 万多人；相关事业单位、群团组织、社区和社会组织社会工作专业岗位超过了 27 万个，在城乡社区和相关事业单位设置社会工作服务站（科室、中心）13697 个，民办社会工作服务机构达到

5880家[①]。但当前社会工作的发展仍然无法满足社会的实际需要，更重要的是，社会工作的发展呈现出显著的城乡二元发展的格局。大部分城市尤其是经济较为发达的城市，或是当地有社会工作专业学生培养院校（研究机构）的城市，社会工作一般都已经打开局面，甚至较为发达；而县级及以下地区鲜有社会工作者、社会工作机构进驻。即使是“三区”社会工作专业人才建设专项计划，面向的主要是国家确定的集中连片特殊困难地区覆盖的县、国家扶贫开发工作重点县、省级扶贫开发工作重点县，以及新疆建设兵团困难团场，重点支持的是西藏，新疆和四川、云南、甘肃、青海四省藏区，覆盖区域与扶持力度相对于我们整个国家来说还是比较小的。除了城乡之间的发展不均衡，社会工作在地区之间的也不均衡，北京、上海、广东是社会工作发展的前沿阵地，其他省（市、区）发展相对缓慢，即使在广东省，珠三角地区社会工作机构占全省的97%，其余地区仅占3%[②]。大部分县级及以下地区，尤其是经济、社会落后的中西部地区的县级及以下地区几乎没有社会工作者、社会工作机构，政府无法购买社会工作服务，社会工作介入农村最低生活保障政策执行无从谈起。

问：您觉得由独立的第三方机构来承担低保申请的受理、审核以及低保对象的日常管理，是否可行？

答：……（你说的）这个就好比外包一样的，旧年子（笔者注：方言，指去年）我们民政学习的也就是这块，意思是说成立一个社工组织，（业务）外包。当时会上听起来就觉得前途一片光明，但是具体操作我们没有弄过，我们也不敢保证（效果）。

问：您能谈谈您个人的理解么？您觉得是否真的具有操作可行性？

答：操作可行性是肯定有的。由谁来承包，这个才是关键。像刚才说的，由社工组织（承包），确实就请得到这样的，确实不是为了私利，不会去弄刚才说的人情保之类的话，肯定会比政府更赢。

问：您觉得要是真得有这么一个机构，您觉得它做家计调查的准确性和你

① 潘跃：“社会工作，服务民生，传递温暖”，《人民日报》2017年3月23日第9版。

② 张杰、翟冉：“我国社会工作发展呈不平衡状态”，《中国社会科学报》2013年11月11日第3版。

们现有的这套机制做的相比，哪个更准确？

答：如果要成立一个机构，人员对基层的家庭收入按什么样的方式方法（核查），我认为十分重要。就是收入的算法，他们有没有更新式的方法，更好的（方法）。如果有的话，继续沿用我们的（方式）——一个就看家庭有冇劳动能力，然后就看房子怎么样，这样的话就和我们的差多的。但是这种对社会来讲，可能比我们干部、我们政府自己出面啊会更赢（笔者注：更合理，更有意义）。

问：您觉得从经济成本角度考虑，成立第三方是否划算？

答：就是这个意思，如果第三方和我们一样核算，我们拿（笔者注：外包）给它就冇划（笔者注：不划算，划不来）了哇。它肯定要卡得比我们更准，就是该保就保，不该保的就不要保，不要有人情保。（同样）出现这些（人情保、关系保等）问题的话，就和我们自己做差不多了，只不过说社会上对我们的看法更好点就是了，但是经济上就冇划，就一样的。我感觉既然要发包出去，就跟做生意一样，要有划。这么多年，就我的感觉来说，很大一部分就不该保的也保到了，就我们民政干部有时候确实不是看家庭条件如何就把人家保到来。像比如说有子女的，子女服侍父母是天经地义的，假设是第三方的话，如果是不符合的话，它是不会出钱的了。如果（是）我们政府，我们就冇办法，如果我们不出钱，老人家日日跑到我这里来哭也不是个事儿。像这类东西，有时候我们政府就更容易放宽。

——对大河镇民政所所长 MZ5 的访谈

（三）经济成本与目标定位瞄准率是值得考量的因素

研判社会工作介入农村最低生活保障政策执行尤其是其中的目标定位是否具有可行性，有必要从经济成本的高低、家计调查实施技术能否有所改进这两个方面作进一步考虑。农村有别于城市，我国幅员辽阔，各地农村虽然差别较大，但仍然有共性的问题：一是农村尤其是山区农村居民家庭往往不像城镇那样相对集中居住；二是农村居民的家庭收入客观上难以货币化或难以准确计算。这就意味着社会工作介入农村最低生活保障政策执行，需要庞大的社会工作者队伍。同时，乡（镇）民政部门与行政村村委会面临的家计调查难以准确开展也是社会工作者面临的难题。因此，如果社会工作者与现有的农村最低生活保障政策执行主体采取相同或相似的目标定位方法，将家计调查变通为主要考察申请家庭主要劳动力或申请人是否具有劳动能力以及住房条件的好坏，目标定位准确率仍然无法保证。

问：您觉得成立独立的第三方机构的方案是否可行？

答：有可能的。

问：为什么呢？

答：怎么做得到？村情、社情、民情什么都不了解。就比如你第三方对这个村的低保（申请）对象要调查，像你（做访谈）一样，你首先肯定要找乡政府，当地政府，或者村里的。现在基本上差不多的，你一个陌生人走进去，基本什么情况都问不清楚的。还有一个，现在的“散”——几百户人家，你一户一户去摸，工作量大，资金受限。相对来讲，不通过村一级、乡一级，第三方直接进入，不大现实。

——对平原乡政府驻村干部 XZ2 的访谈

问：那能不能交由第三方来处理这些事务？专门成立一个独立的机构，将平原乡的低保申请受理、家计调查等事务承包下来，最终由这个机构来确定低保对象名单，再交由乡里或县民政局作为发放低保补助金的依据？

答：第三方机构（的工作人员）也还是有人情观念、家乡观念的啊（即也无法保证公平公正）。

问：所以说这些工作让独立第三方去执行，这些问题都可以得到解决。

答：独立第三方去调查，确确实实地调查，不是一天两天，那要常年住下去（笔者注：指要在低保申请人所在地居住下来观察），或者是三天五天又过来一趟（观察、调查）。（如果不能这样做），那还是保持原来的样子。长期调查才“有用”（笔者注：指有效果，准确），一时半时有用的。

问：您的意思是说，真正成立第三方机构，第三方机构工作人员开展的家计调查也达不到准确的程度？

答：一时半会的（调查）查不准，（真实的情况）不晓得的。

问：因为他们对村民的……（被打断）

答：真正的穷与富，他们是调查不出来的。突然之间看一下子（匆忙地调查一下），看不出来的，是吧？打个比方说，我今天没有带烟，我索你的烟食（笔者注：问别人要烟抽），索了一上午，那他总以为我有钱（连很差的烟都买不起），其实不是我有钱，是我忘记带钱（买烟）。

——对平原乡富中村委会主任 CG1 的访谈

另外，基于前文所述的实际状况，要提高家计调查准确率以保障目标定位准确率，还需要花费较长时间和较大精力处理相关基础性的前期工作。目前已经开展的政府购买社会工作服务通常采用项目制，项目制最大的缺陷是无法保证合同关系的长期性[①]，影响社会工作者、社会工作机构介入农村低保政策执行的长期稳定预期，进而也会影响到家计调查准确率和目标定位准确率。而在长期稳定的服务关系中，社会工作者融入当地社会，则也可能出现人情保、关系保等目标定位偏差现象。

四、社会工作介入的路径

社会工作介入社会救助是社会救助发展的必然趋势，提高社会工作介入农村最低生活保障政策执行尤其是目标定位的可行性，可以从以下方面采取措施。

（一）提高基层对社会工作及其介入农村低保政策执行的认识

社会工作对基层尤其是中西部县级以下地区而言上仍属于新事物，需要广泛地宣传以增进全社会的认识。社会工作介入农村低保政策执行是社会工作对农村低保政策执行主体的介入，因而首要的是提高现行政策执行系统对社会工作及其介入的重要性的认识。即在现有的农村低保政策行政性执行系统中逐渐推广社会工作专业理论与技能，随着社会工作者、社会工作理念与技能的逐渐嵌入，社会工作的专业优势将逐渐发挥与显现，进而增强社会工作介入的认可程度，推进社会工作介入目标定位的实践。这也符合王思斌、阮曾媛琪（2009）提出的我国专业社会工作通过嵌入占主导地位的行政性公共服务与社会治理框架来获得嵌入性发展的思路[②]。

---

① 关信平："社会工作介入社会救助的需求、能力及体制机制分析"，《湖南师范大学社会科学学报》2017 年第 1 期，第 32—38 页。

② 王思斌、阮曾媛琪："和谐社会建设背景下中国社会工作的发展"，《中国社会科学》2009 年第 5 期，第 128—140 页。

具体可从两方面入手开展前期准备：一是吸纳社会工作者进入农村最低生活保障政策执行岗位；二是注重社会救助政策执行人员社会工作专业理念与技能的培训，前文对此已作讨论，在此不再重复赘述。在重视社会工作者引进的同时，不能否定已经在岗的农村最低生活保障政策执行人员的工作能力与业务水平，应该建立多种形式的培训机制，促进这部分人员社会工作专业理念、技能的学习。这方面内的培训也有必要扩大到乡（镇、街道）以及民政部门、村（居）全体工作人员，提高他们对社会工作及其介入社会救助重要性的认识。

（二）培育和推动基层社会工作的发展

当前基层社会工作介入社会救助的发展已经具备了较为良好的政策环境，在具体政策方面除了《推动发展意见》和《购买服务意见》，中共中央办公厅、国务院办公厅 2017 年印发了《关于加强乡镇政府服务能力建设的意见》，明确要求“充分发挥社会工作专业人才在乡镇公共服务提供中的作用”，支持社会组织发展，鼓励社会组织承接政府购买服务项目。基层政府、民政部门应该借助“三区”社会工作专业人才建设专项计划等已有的专业社会工作实践，培育当地的专业社会工作人才队伍，推动当地社会工作机构的注册、运行与发展。同时，各地或多或少存在一些非行政性非专业化的社会服务组织与社会服务人员，强调社会工作专业性的同时也应强调是否具备作出实际贡献的能力，肯定和发掘这些实践为基层社会工作发展提供的宝贵经验。因此，基层政府、民政部门还应该引导当地已有的社会服务组织与社会服务人员朝专业化方向发展。

与此同时，基层政府、民政部门还要切实贯彻落实社会救助服务购买，使社会工作机构获得相对稳定的资金来源。一是使其可以维持日常运行；二是使其可以进行人员人力资本建设投资，提升介入包括农村最低生活保障在内的社会救助政策执行的整体服务水平。在社会工作介入社会救助的过程中，必须尊重社会工作的专业理念、专业特色与专业优势，给予社会工作在机构充分的自主性与发展空间，以使其独特优势得以发挥[1]。

（三）提高社会工作者的介入能力

社会工作者介入农村最低生活保障政策执行，不管是承担事务性工作还是服务性工作，都需要具备相应的专业能力，关信平（2017）将其分为通用性专业能力和专门化专业能力[2]。随着社会工作专业教育普及与在职培训的推广，社会工作者较为容易掌握通用性专业能力基本，而社会工作介入农村最低生活保障政策执行则对专业能力有较高要求，需要社会工作者熟悉目标定位的要求及操作规程，掌握当地的方言且具有较强的交往沟通能力。同时，社会工作者置身于乡土场域，还需要了解当地村庄的经济、社会、文化，熟悉保障对象及其他贫困者生产生活的基本情况。如果社会工作者不具备这些专业能力，将不能顺利地开展家计调查，无法介入农村最低生活保障政策执行。

另外，社会工作介入农村最低生活保障政策执行，还需要建立一套对社会工作者、社会工作机构的监督考核机制作为质量保障。

需要进一步强调的是，社会工作介入农村最低生活保障政策执行，尤其是介入目标定位承接对象排查、家计调查的事务性工作，是一个长期的、复杂的过程。在这个过程中，社会工作服务供给市场在很大程度上是由政府需求直接催生，基层政府、民政部门购买社会工作服务可能会面临来自社会工作者、社会工作机构的“供给方缺陷”[3]。具体说来，可能不是由社会或农村最低生活保障对象对社会工作者、社会工作机构提供的服务进行评估，而是由政府行政性操控评估，导致社会工作者、社会工作机构过于依附政府，造成提供的服务存在缺陷。同时也要警惕基层政府、民政部门过度追求社会治理创新与短期政绩而运动化开展社会工作介入农村最低生活保障政策执行，否则将影响介入效果，甚至产生新的政策执行偏差问题。

---

① 原会建：“专业社会工作介入社会救助的路劲与策略”，《人民论坛》2014 年第 35 期，第 149—151 页。

② 关信平：“社会工作介入社会救助的需求、能力及体制机制分析”，《湖南师范大学社会科学学报》2017 年第 1 期，第 32—38 页。

③ ［美］唐纳德·凯特尔：《权利共享：公共治理与私人市场》，孙迎春译，北京大学出版社 2009 年版，第 24—30 页。

第六章

结　　论

行文至此，本书的主要研究工作基本完成：第一章介绍了研究的缘起、背景与目的，并对国内外相关文献进行了梳理；第二章介绍了本书的基本概念、基础理论与研究方法；第三章、第四章分别从设标、觅标、干预与政策宣传、张榜公示、动态管理、监督激励、政策捆绑等方面，对考察样本县农村最低生活保障政策的执行进行了考察，分析了其中的政策偏差现象及其成因；第五章对治理农村最低生活保障政策执行偏差提出了一些建议。本章是本书的最后一部分，在此将对整个研究工作进行总结，并检视可能的创新与不足。

第一节　研究结论

社会各界翘首企盼 20 年的社会救助立法工作最终以行政法规的形式收官。2014 年 5 月 1 日起施行的《社会救助暂行办法》，宣示着农村最低生活保障政策基本成型。能否将文本形态的政策转化为实际效果，实现既定的政策目标，关键在于执行。本书从政策执行的视角，对县级农村最低生活保障运行进行了较为深入的研究。主要研究结论与发现总结如下：

伴随政策文本自上而下传递的政策执行过程出现偏差是一种常态，农村最低生活保障政策执行确实存在偏差现象。人情保、关系保与乡土社会长期以来形成的人际格局有直接关系，政策实际执行过程中过度倚重村委会、忽视政策宣传与疏于监督给予这种现象相当的滋生空间，而这些又与县、乡（镇）两级民政部门工作人员不足、工作经费不足有一定关系。在乡土场域，农村居民的骗保行为若没有工作人员尤其是村级干部的具体协助，基本是不可能成功的，因此骗保可以理解为人情保、关系保的另外一种表现形式。“压力型体制”下县、乡（镇）两级党委、政府对政绩过度追逐，不惜调拨农村最低生活保障资源用于配合中心工作的开展，这就造成了搭车保（即政策保）。农村最低生活保障当前的保障能力尚不足以催生福利依赖、养懒汉的现象，这主要是保障标准过低且“全家保”异化成了“个人保”，补助金远不足以维持基本生活。农村居民对最低生活保障待遇资格的追逐，很大程度上是对政策捆绑之下的其他社会保障待遇的渴求，与西方国家的福利依赖现象有本质不同。正是如此的执行现状，西方学者认为的与选择型社会政策相伴而生的福利污名在我国的农村最低生活保障运行中基本不存在，“不要白不要”的“低保文化”已经形成。

当前的农村最低生活保障的保障标准的可操作性较差。一是因为政策本身依旧在秉持“低标准、广覆盖”的原则，上级政府（省级政府）将保障标准与保障规模（保障对象数量）同时下达给县级政府，而县级政府没有结合当地实际调整（调高）保障标准的积极性，保障标准形同虚设。二是因为农业的生产特点与农村居民家庭收入逐渐多元化，经济状况调查客观上存在一定难度。除了保障县级民政部门农村最低生活保障业务股室、乡（镇）民政所的人员与经费外，必须明确农村最低生活保障所需资金从中央到地方各级政府间的分级分担比例，明确各级政府的财政资金投入责任，避免各级政府在保障标准制定与动态调整中的推诿或观望，使保障标准更符合当地实际、更具可操作性。

追本溯源，完善农村最低生活保障政策执行离不开各级党委、政府的重视。各级党委、政府转变执政理念，重视农村最低生活保障政策所具有的政治与社会意义，才能较为彻底地扭转政策执行资源不足、政策执行偏差的局面。同时，完善农村最低生活保障政策执行也离不开社会救助与社会保险、社会福利的协同推进。只有完善的社会保障体系才能给予农村居民全面的保障，应对年老、疾病等风险与住房、子女教育等支出，减轻最低生活保障的救助压力，使政策定位回归。

另外，专业理念指导下的社会工作者、社会工作机构在社会救助方面有天然的优势，但当前的绝大部分县级及以下的基层地区不具备社会工作者、社会工作机构作为第三方介入农村最低生活保障政策执行的条件。这主要是因为基层对社会工作者、社会工作机构缺乏基本认识，基层的社会工作者、社会工作机构匮乏。即便由社会工作机构、社会工作者作为第三方承接农村最低生活保障政策执行事务，也应考量政府购买此类服务的经济成本以及突破农村居民家庭经济状况核查的障碍的可能性。当前最为可行的是在农村最低生活保障执行岗位出现空缺的情况下，优先吸纳拥有社会工作专业教育背景、工作经历的人员加入，同时加强在岗人员的社会工作专业理念、技能的培训。

第二节　可能的创新与不足

在当下这个社会科学研究极大繁荣、知识爆炸的时代，创新是一件难以企及的事情。农村最低生活保障政策执行并不是新鲜的议题，本书的研究工作要有新发现并不容易。因此，谈到本书可能的创新之处，笔者自惭形秽。但是，论起本书研究工作的不足之处，笔者诚惶诚恐。

一、可能的创新

一是以县作为考察样本。研究农村最低生活保障政策执行的文献中，以村为考察样本的较多，而以县为考察样本的不多。以村、乡（镇）为考察样本，研究过于微观，从全国层面、省级层面或市级层面入手，研究又过于宏观。县级是我国国家治理的关键层级，也是上级政策能否执行到位的关键层级，县级是国家政策执行的基本单位。因此，以县作为考察样本，最能直接反映农村最低生活保障政策的执行图景。

二是对已有文献中的关于农村最低生活保障运行中存在的人情保、关系保、骗保、搭车保（政策保）、福利依赖与福利污名等问题进行了回应。本书对这些问题是否真实存在以及成因进行了较为系统的论证与分析，得出了一些与当前流行观点不同的结论，如认为农村最低生活保障的福利依赖与西方国家有本质不同，且基本不存在福利污名。

三是对当前热议的社会工作者、社会工作机构作为第三方介入农村最低生活保障政策执行的可行性进行了论证。笔者认为，当前基层（县级及以下）地区不具备这方面的可行性，强调理性地看待社会工作者、社会工作作为第三方介入的实际效果，提出政策执行机构岗位空缺的情况下优先录用拥有专业社会工作教育背景、工作经历的人员，对现有工作人员加强社会工作专业理念、技能的培训是切实可行的介入方式。

二、研究的不足

本书的研究选取我国中部欠发达省份下辖的某国家级贫困县作为考察样本，对农村最低生活保障政策执行过程中的偏差及其成因进行了研究，在此基础上提出了一些治理执行偏差的政策建议，但本书尚未能进一步提炼出完善社会政策执行的较为普遍性的对策建议。另外，访谈对象主要涉及民政干部、乡（镇）干部、村干部、保障对象与非保障对象，除民政干部外，其他访谈对象并没有严格按照区域（乡（镇）、村）使用随机原则进行抽样，访谈对象的选取有一定的主观性。农村最低生活保障政策执行偏差的成因较为复杂，对其的解释涉及社会学、政治学、经济学等多个学科，在本书的研究中过于偏重事实描述及原因分析。

在今后的学习与研究中，笔者将继续关注农村最低生活保障政策执行问题，期待有机会访谈与本书研究的样本县不同类型的其他县（市、区），以期提炼出全面的研究结论。另外，笔者将进一步加强理论梳理，尤其是关于农村文化、习惯等因素对农村最低生活保障政策执行的影响研究，使分析更有理论深度、政策建议更具应用价值。

参考文献

1. 曹堂哲．执行研究三十年回顾：缘起、线索、途径和模型［J］．云南行政学院学报，2005（3）：48－52.

2. 陈家建，边慧敏，邓湘树．科层结构与政策执行［J］．社会学研究，2013（6）：1—20，242.

3. 陈杨剑．岳阳市农村“低保”政策执行偏差原因分析及对策调查研究［D］．中南大学，2012.

4. 陈庆云．公共政策分析［M］．北京：北京大学出版社，2006.

5. 陈振明．21世纪中国政策科学的研究方向［J］．北京行政学院学报，2000（1）：9－10.

6. 陈振明．政策科学［M］．北京：中国人民大学出版社，1998.

7. 陈振明．公共政策分析［M］．北京：中国人民大学出版社，2003.

8. 陈振明．公共政策学：政策分析的理论、方法和技术［M］．北京：中国人民大学出版社，2004.

9. 陈向明．从一个到全体：值的研究结果的推论问题［J］．教育研究与实验，2000（2）：1－8，72.

10. 陈治东．公民参与下视角下的农村最低生活保障制度研究：以河南省商丘市为表述对象［D］．华中师范大学，2011.

11. 崔凤，杜瑶．“主动低保”与城市居民最低生活保障制度“身份化”［J］．华东理工大学学报（社会科学版），2012（6）：69－74.

12. 大卫·M. 兰普顿．“大跃进”时期的医疗政策［J］．张志辉，译．科学文化评论，2006（1）：41－66.

13. 丁煌．传统的“人情面子”观念及其对当前政策执行的影响［J］．行政与法，1997（3）：46－48.

14. 丁煌，定明捷．国外政策执行理论前沿评述［J］．公共行政评论，2010（1）：119－148，205.

15. 丁煌．政策执行阻滞机制及其防治对策［M］．北京：人民出版社，2002.

16. 丁元刚．乡镇政府在促进农村最低生活保障制度实施汇总的职责：以吉林省抚松县兴参镇为例［D］．吉林大学，2011.

17. 多吉才让．中国最低生活保障制度研究与实践［M］．北京：人民出版社，2001.

18. 邓凡．关系、结构与利益表达：教育政策执行的网络模式［M］．昆明：云南大学出版社，2013.

19. 董毅，刘同芗，郭健美．社会工作人才介入农村最低生活保障工作的SWOT分析［J］．农业科技管理，2010（4）：90－92.

20. 方菲．伦理视阈下的农村最低生活保障制度研究［D］．华中科技大学，2011.

21. 费孝通．乡土中国［M］．北京：人民出版社，2012.

22. 耿羽．错位分配：当前农村最低生活保障的实践状况［J］．人口与发展，2012（1）：68－73.

23. 关信平．论我国农村社会救助制度的目标、原则及模式选择［J］．华东师范大学学报（哲学社会科学版），2006（11）：29－35.

24. 关信平．论建立农村最低生活保障制度的条件、原则及运行机制［J］．文史哲，2007（1）：127－133.

25. 关信平．社会政策概论［M］．北京：高等教育出版社，2009.

26. 关信平．完善我国综合性社会救助体系的基本原则和主要议题［J］．中国人民大学学报，2010（5）：15－22.

27. 关信平．中国综合社会救助制度发展战略［C］．//郑功成．中国社会保障改革与发展战略（救助与福利卷），北京：人民出版社，2011：61－82.

28. 顾昕，高梦滔．中国社会救助体系中的目标定位问题［J］．学习与实践，2007（4）：5－11.

29. 郭渐强．邓小平政策执行思想探析［J］．湖湘论坛，1998（4）：19－21.

30. 郭亮．从“救济”到“治理手段”：当前农村最低生活保障政策的实践分析：以河南F县C镇为例［J］．中共宁波市委党校学报，2009（6）：57－61.

31. 国务院．社会救助暂行办法［EB/OL］．（2014－2－27）［2014－7－20］．http：//www. gov. cn/flfg/2014－02/27/content_ 2624221. htm.

32. 何杰，等．新世纪支持农村义务教育发展的政策执行考察：以江苏省L县为例［M］．北京：中国社会科学出版社，2014.

33. 何辉．浅析江泽民的政策执行思想［J］．理论导报，2014（8）：25－27.

34. 何植民．农村最低生活保障政策有效执行的影响因素分析及对策分析［J］．江西财经大学学报，2013（2）：46－53.

35. 何植民．农村最低生活保障政策实施效果评价与分析［J］．行政论坛，2014（1）：37－41.

36. 贺东航，孔繁斌．公共政策执行的中国经验［J］．中国社会科学．2011（5）：61－79，220－221.

37. 侯雪竹．社会救助法搁置 降格为暂行办法［N］．京华时报，2014－1－27（C02）．

38. 胡象明．论刘少奇的政策执行思想及其现实意义［J］．中国行政管理，2001（9）：49－ 51.

39. 贾琳．现阶段农村最低生活保障制度的实施机制研究：以G县为例［D］．南京师范大学，2011.

40. 蒋威．县级政府农村最低生活保障制度实施现状及对策研究［D］．湘潭大学，2013.

41. 金东日，李勇军，马会周．乡镇政府的选择性政策行为分析［J］．云南社会科学，2009（2）：20－24.

42. 金太军，等．公共政策执行梗阻与消解［M］．广州：广东人民出版社，2005.

43. 景跃进．政策执行的研究取向及其争论［C］．//景跃进．政治空间的转换：制度变迁与技术操作，北京：中国社会科学出版社，2004：128－162.

44. 赖志杰．“瞄偏”与“纠偏”：社会救助对象的确定：以最低生活保障制度为例［J］．理论探索，2013（2）：73－76.

45. 赖志杰，廖宇航．建立农村最低生活保障资金分担机制的思考［J］．江西农业大学学报（社会科学版），2009（3）：58－61.

46. 粟多树．邓小平的政策执行思想探析［J］．前沿，2009（4）：8－12.

47. 李春根，赖志杰．论城乡一体化社会救助体系的构建［J］．财政研究，2010（3）：31－35.

48. 李芳．农村最低生活保障制度的微观运作［D］．华东理工大学，2012.

49. 李宽．规范失序与价值解体：村庄语境下农村最低生活保障研究：以鄂东北S村为例［J］．晋阳学刊，2012（3）：48－53.

50. 李立国．推进社会救助法治化的重要举措：深刻理解和把握《社会救助暂行办法》［N］．人民日报，2014－4－29（7）.

51. 李棉管．技术难题、政治过程与文化结果：“瞄准偏差”的三种研究视角及对中国“精准扶贫”的启示［J］，社会学研究，2017（1）：217－241，246.

52. 李倩．从推动对外开放探析谷牧的政策执行思想［J］．兰台世界，2014（34）：23－24.

53. 李瑞昌．中国公共政策实施中的“政策空传”现象研究［J］．公共政策评论，2012（3）：59－85，180.

54. 李玉梅．改进低保管理 确保公正实施：民政部部长李立国答本报记者问［N］．学习时报，2012－11－19（1）.

55. 梁晨．农村最低生活保障政策的基层实践逻辑：以武陵山区某村为例［J］．贵州社会科学，2013（10）：67－71.

56. 林闽钢．城市贫困救助的目标定位问题：以中国城市居民最低生活保障制度为例［J］．东岳论丛，2011（5）：13－19.

57. 林水波，张世贤．公共政策［M］．台湾：五南图书出版公司，1982.

58. 林水波，张世贤．公共政策［M］．台湾：五南图书出版股份有限公司，2008.

59. 刘斌．论政策执行的基本原则［J］．理论探讨，1989（5）：54－57.

60. 刘培伟．政策设计对执行行为的影响：基于B县W村干部对低保和新农合政策执行的比较［J］．贵州社会科学，2014（8）：101－106.

61. 刘涛．农村最低生活保障不能成为乡村治理手段［J］．中国老区建设，2008（7）：27－28.

62. 刘雪明．论周恩来的政策执行思想［J］．云南行政学院学报，2014（5）：48－50.

63. 刘雪明，刘东文．陈云的政策执行思想探析［J］．中国行政管理，2005（9）：7－10.

64. 刘雪明．邓小平政策思想研究［M］．广州：广东教育出版社，2004.

65. 刘雪明．政策运行过程研究［M］．南昌：江西人民出版社，2005.

66. 刘燕舞．作为乡村治理手段的低保［J］．华中科技大学学报（社会科学版），2008（1）：117－120.

67. 卢谋华．社会工作的理论与实践［M］．北京：中国社会出版社，2007.

68. 吕学静．完善农村居民最低生活保障制度的思考［J］．经济与管理研究，2008（1）：73－77.

69. 毛劲歌等．毛泽东政策执行思想对提高政府执行力的启示［J］．当代世界与社会主义，2009（3）：42－45.

70. 毛泽东．反对本本主义［C］．//中共中央文献研究室，中国井冈山干部学院．毛泽东中央革命根据地斗争时期调查文集，北京：中央文献出版社，2010：7－14.

71. 苗朝妍．关于河南省农村最低生活保障问题的调研报告：以长垣县某村为例［D］．合肥：安徽大学，2013.

72. 民进中央宣传部．雷洁琼文集［M］．北京：开明出版社，1994.

73. 民政部．社会服务统计季报（2014年4季度）［EB/OL］．（2015－01－

26）[2015 - 02 - 10]. http://files2.mca.gov.cn/cws/201501/20150129172531166.htm.

74. 民政部．民政部举行例行新闻发布会通报我国专业社会工作发展及领军人才遴选情况［EB/OL］.（2015-01-26）［2015-02-7］. http：//www.mca.gov.cn/article/zwgk/mzyw/201501/20150100763969.shtml.

75. 民政部．关于印发《边远贫困地区、边疆民族地区和革命老区人才支持计划社会工作专业人才专项计划实施方案》的通知（民发〔2012〕170号）［EB/OL］.（2014-6-30）［2015-02-7］. http：//yongzhou.mca.gov.cn/article/shgz/zcwj/201411/20141100731168.shtml.

76. 潘跃．社会工作 服务民生传递温暖［N］．人民日报，2017-3-23（009）.

77. 钱再见．公共政策学新编［M］．上海：华东师范大学出版社，2006.

78. 钱再见．现代公共政策学［M］．南京：南京师范大学出版社，2007.

79. 钱再见．论政策执行中的政策宣传及其创新：基于政策工具视角的学历分析［J］．甘肃行政学院学报，2010（1）：11-18，125.

80. 钱宁．社会正义、公民权利和集体主义：论社会福利的政治道德基础［M］．北京：社会科学文献出版社，2007.

81. 荣敬本，等．从压力型体制向民主合作体制的转变：县乡两级政治体制改革［M］．北京：中央编译出版社，1998.

82. 孙光德，董克用．社会保障概论（修订版）［M］．北京：中国人民大学出版社，2001.

83. 孙睿．农村最低生活保障问题研究［D］．山东农业大学，2012.

84. 孙莹．社会工作介入社会救助策略思考［C］//．“社会救助与社会工作介入”研讨会会议摘要．北京：北京大学，2014（未刊稿）.

85. 唐钧．低保“误差”及解决思路［N］．中国社会报，2013-4-3（5）.

86. 唐钧．“十一五”以来社会救助发展的回顾及展望［J］．社会科学，2012（6）：65-76.

87. 万丹．农村最低生活保障政策的实践逻辑：以广东省石台村为个案

[D]. 华中师范大学，2014.

88. 王国红. 政策规避与政策创新：地方政府政策执行中的问题与对策[M]. 北京：中共中央党校出版社，2011.

89. 王汉生，刘世定，孙立平. 作为制度运作和制度变迁方式的变通[C] //应星，周飞亚，渠敬东. 中国社会学文选（下册）[M]. 北京：中国人民大学出版社，2011：554 –583.

90. 王宁. 个案研究的代表性问题与抽样[J]. 甘肃社会科学，2007(1)：1 –4

91. 王青山. 雷洁琼与中国社会工作：为敬贺雷老98华诞而作[J]. 民主，2003（11）：9 –11.

92. 王思斌. 中国社会工作的经验与发展[J]. 中国社会科学，1995(2)：97 –106.

93. 王思斌，阮曾媛琪. 和谐社会建设背景下中国社会工作的发展[J]. 中国社会科学，2009（5）：128 –140.

94. 王伟富. 个案研究的意义和限度：基于知识的增长[J]. 社会学研究，2012（5）：161 –183，244 –245.

95. 王晓莉，刘永功. 农村最低生活保障制度建设中的参与和赋权：贵州省K乡的案例研究[J]. 贵州农业科学，2009（3）：187 –190.

96. 王智超. 教育政策执行的滞后问题研究[M]. 长春：东北师范大学出版社，2011.

97. 韦璞. 村庄特征与农村最低生活保障瞄准偏误的实证研究：基于场域理论视角的探析[J]. 理论月刊，2013（10）：157 –162.

98. 魏姝. 府际关系视角下的政策执行：对N市农业补贴政策执行的实证研究[J]. 南京农业大学学报（社会科学版），2012（3）：94 –101.

99. 吴管鹏. 农村最低生活保障分配演变过程及其启示：以贵州省龙坉村为个案[D]. 武汉：华中师范大学，2014.

100. 夏书章. 市政学[M]. 北京：高等教育出版社，1991.

101. 夏征农，陈至立. 辞海（第六版）（缩印本）[M]. 上海：上海辞书出版社，2010.

102. 肖远烈．执行党的政策，要注意弄清政策的界限：学习毛泽东思想的一点体会［J］．前线，1961（7）：3－7.

103. 解垩．中国农村最低生活保障：瞄准效率及消费效应［J］．经济管理，2016（9）：173－185.

104. 解瑞华．农村最低生活保障政策实施过程中社会工作介入研究：以内蒙古和林格尔县前坝村为例［D］．内蒙古农业大学，2013.

105. 徐光春．把准确定放在第一位：党的政策宣传漫谈之一［J］．新闻与写作，1992（6）：1－3.

106. 徐月宾，张秀兰．我国城乡最低生活保障制度若干问题探讨［J］．东岳论丛，2009（2）：32－37.

107. 许广玉．县级农村最低生活保障制度建设问题研究：以山东省阳谷县为例［D］．燕山大学，2013.

108. 杨立雄．经济状况核查制度面临的问题及对策［N］．中国社会报，2013－10－21（3）.

109. 杨立雄．最低生活保障制度存在的问题及改革建议［J］．中国软科学，2011（8）：72－84.

110. 姚春蕊．农村最低生活保障政策执行逻辑：以甘肃省红村为例［D］．兰州：兰州大学，2014.

111. 印子．低保政策实践偏差形成变量的两种类型：兼评公共政策执行“农民参与”理论［J］．中共宁波市委党校学报，2014（1）：67－74.

112. 印子．治理消解行政：对国家政策执行偏差的一种解释［J］．南京农业大学学报（社会科学版），2014（3）：80－91.

113. 袁松．基层组织的信息垄断与低保制度在村庄场域的实践：以税改后的鄂中顾村为个案［J］．天津行政学院学报，2009（5）：50－55.

114. 赵德余．实施公共政策：来自跨学科的声音［M］．上海：上海人民出版社，2013.

115. 甄炳亮，王秀江．宽与窄：社会工作人才、社会工作者、社会工作人员关系探析［J］．中国民政，2010（2）：37－39.

116. 郑功成．农村社会保障的误区与政策取向［J］．理论与实践，2003

(9)：20－21.

117. 郑功成，杨立雄．中国社会救助改革与发展战略（核心报告)：从生存救助到综合救助［C］．//郑功成．中国社会保障改革与发展战略（救助与福利卷)，北京：人民出版社，2011：1－37.

118. 郑功成．让社会救助制度稳步走向成熟、定性［N］．中国社会报，2014－3－5（3）.

119. 张芬，王晓荣．从西北土地改革看习仲勋的政策执行思想［J］．兰州学刊，2014（2)：30－34.

120. 张杰，翟冉．我国社会工作发展呈不平衡状态［N］．中国社会科学报，2013－11－11（3）.

121. 张金马．政策科学导论［M］．北京：中国人民大学出版社，1992.

122. 张静．转型中国：社会公正观研究［M］．北京：中国人民大学出版社，2008.

123. 张强等．农村义务教育：税费改革下的政策执行［M］．北京：中国社会科学出版社，2004.

124. 张尚仁．当代社会的新课题：认识论与决策科学［M］．昆明：云南人民出版社，1985.

125. 张兴杰，肖小霞，张开云．政府购买社会工作服务：实践检视与未来政策选项［J］．浙江学刊，2013（5)：198－203.

126. 中共中央文献研究室，中央档案馆．建党以来重要文献选编（第二十五册)，中央文献出版社，2011：254.

127. 周国雄．博弈：公共政策执行力与利益主体［M］．上海：华东师范大学出版社，2008.

128. 周佳．教育政策执行研究：以进城就业农民子女义务教育政策执行为例［M］．北京：教育科学出版社，2007.

129. 朱光磊．现代政府理论［M］．北京：高等教育出版社，2006.

130. 朱勋克．公共政策失范及其政策管理研究：以农村最低生活保障对象的规定为例［J］．理论与改革，2010（6)：67－70.

131. 祝建华，林闽钢．福利污名的社会建构：以浙江省城市低保家庭调查为例的研究［J］. 浙江学刊，2010（3）：201－206.

132. 左玮娜. 识破救助申请“障眼法”［N］. 中国社会报，2014－3－5（1）.

133. ［英］迈克. 希尔，［荷］彼特. 休普. 执行公共政策［M］. 黄健荣，等译：北京：商务印书馆，2011.

134. ［英］迈克尔·希尔. 理解社会政策［M］. 刘升华，译. 北京：商务印书馆，2003.

135. ［美］艾尔·巴比. 社会研究方法基础（第八版）［M］. 邱泽奇，译. 北京：华夏出版社，2002.

136. ［美］保罗 A. 萨巴蒂尔，汉克 C. 詹金斯－史密斯. 政策变迁与学习：一个倡议联盟途径［M］. 邓征，译. 北京：北京大学出版社，2011.

137. ［美］查尔斯.E. 林布隆. 政策制定过程［M］. 朱国斌，译. 北京：华夏出版社，1988.

138. ［美］查尔斯. 林德布洛姆. 决策过程［M］. 竺乾威、胡君芳，译上海：上海译文出版社，1988.

139. ［美］戴维·伊斯顿. 政治体系：政治学状况研究［M］. 马清槐，译. 北京：商务印书馆，1993.

140. ［美］拉雷·N. 格斯顿. 公共政策的制定：程序和原理［M］. 朱子文，译. 重庆：重庆出版社，2001.

141. ［美］莱斯特·M. 萨拉蒙. 公共服务中的伙伴：现代福利国家中政府与非营利组织的关系［M］. 田凯，译. 北京：商务印书馆，2008.

142. ［美］塞缪尔·P. 亨廷顿. 变化社会中的政治秩序［M］. 王冠华，等译. 上海：上海人民出版社，2008.

143. ［美］唐纳德·凯特尔. 权利共享：公共治理与私人市场［M］. 孙迎春，译. 北京：北京大学出版社，2009.

144. ［美］詹姆斯·E. 安德森. 公共决策［M］. 唐亮，译. 北京：华夏出版社，1990.

145. ［美］沃纳·赛佛林，小詹姆斯·坦卡德. 传播理论：起源、方法与应用（第四版）［M］. 郭镇之，等译. 北京：华夏出版社，2000.

146. ［日］药师寺泰藏. 公共政策［M］. 张丹，译. 北京：经济日报出版社，1991.

147. ［韩］吴锡泓，金荣枰. 政策学的主要理论［M］. 金东日，译. 上海：复旦大学出版社，2005.

148. Bruce G. Link and Jo C. Phelan. Conceptualizing Stigma［J］. Annual Review of Socialogy，2001（27）：363 –385.

149. Alfred L. Chan. Mao's Crusade：Politics and Policy Implementation in China's Great Leap Forward［M］. New York：Oxford University Press，2001.

150. Benny Hjern and David O. Porter. Implementation：A New Unit of Administrative Analysis［J］. Organization Studies，1981（2）：211 –227.

151. Bruce G. Link and Jo C. Phelan. Conceptualizing Stigma［J］. Annual Review of Socialogy，2001（27）：363 –385.

152. Bo Rothstein. Just Institutions Matter：The Moral and Political Logic of the Universal Welfare［M］. Cambridge：Cambridge University Press，1998.

153. Christian Göbel. Uneven Policy Implementation in Rural China［J］. The China Journal，2011（65）：53 –76.

154. Daniel Lerner and Harold D. Lasswell. The Policy Sciences：Recent Development in the Scope and Method［M］. Stanford：Stanford University Press，1951.

155. David M. Lampton. Policy Implementation in Post-Mao China［M］. Berkeley：University of California Press，1987.

156. David M. Lampton. Following the Leader：Ruling China，from Deng Xiaoping to Xi Jinping［M］. Berkeley：University of California Press，2014.

157. David Zweig. Strategies of Policy Implementation：Policy "Winds" and Brigade Accounting in Rural China，1968 –1978［J］. World Politics，1985（2）：267 –293.

158. Dennis J. Palumbo and Donald J. Calista. Implementation and the Policy Process：Opening Up the Black Box［M］. New York：Greenwood Press. 1990.

159. Donald S. Van Meter and Carl E. Van Horn. The Policy Implementation Process：a Conceptual Framework［J］. Administration and Society，1975（4）：

445 – 488.

160. Dorothy J. Solinger, Yiyang Hu. Welfare, Wealth and Poverty in Urban China: The Dibao and Its Differential Disbursement [J]. The China Quarterly, 2012, 211: 741 – 764.

161. Eugene Bardach. Implementation Game: What Happens After a Bill Becomes a Law [M]. Cambridge: MIT Press, 1977.

162. Harald Saetren. Facts and Myths about Research on Public Policy Implementation: Out – of – Fashion, Allegedly Dead, But Still Very Much Alive and Relevant [J]. Policy Studies Journal, 2005 (4): 559 – 582.

163. George P. Brown. Arable Land Loss in Rural China: Policy and Implementation in Jiangsu Province [J]. Asian Survey, 1995 (10): 922 – 940.

164. Graham T. Allison. Essence of Decision: Explaining the Cuban Missile Crisis [M]. Boston: Little Brown, 1971.

165. Gunter Schubert, Anna L. Ahlers. "Constructing a New Socialist Countryside" and Beyond: An Analytical Framework for Studying Policy Implementation and Political Stability in Contemporary China [J]. Journal of Chinese Political Science, 2011 (1): 19 – 46.

166. Jeffry L. Pressman and Aaron Wildavsky. Implementation: How Great Expectations in Washington are Dashed in Oakland; or, Why it's Amazing That Federal Programs Work at All, This Being a Saga of the Economic Development Administration as Told by Two Sympathetic Observers Who Seek to Build Morals on a Foundation of Ruined Hopes [M]. Berkerley: University of California, 1973.

167. Jie Lei. CoveringWhoever is Eligible? An Exploratory Study on Eligibility of the Urban Minimum Living Standard Guarantee in China [J]. Critical Social Policy, 2014 (2): 155 – 174.

168. John Baldock, Lavinia Mitton, Nick Manning, et al. Social Policy (4th) [M]. New York: Oxford University Press, 2012.

169. Kate E. Swanson, Richard G. Kuhn, Wei Xu: Environmental Policy Implementation in Rural China: A Case Study of Yuhang, Zhejiang [J]. Environmen-

tal Management, 2001 (4) : 481 -491.

170. Kevin J. O'Brien, Lianjiang Li. Selective Policy Implementation in Rural China [J]. Comparative Politics, 1999 (2): 167 -186.

171. Malcolm L. Goggin, Ann Bowman, James Lester and Laurence O'Toole . Implementation Theory and Practice: Toward a Third Generation [M]. Glenview: Scott, Foresman, 1990.

172. Meiyan Wang. Emerging Urban Poverty and Effects of the "Dibao" Program on Alleviating Poverty in China [J]. China and World Economy, 2007 (2): 74 -88.

173. Melanie Manion. Policy Implementation in the People's Republic of China: Authoritative Decisions versus Individual Interests [J]. The Journal of Asian Studies, 1991 (2): 253 -279.

174. Paul A. Sabatier. Top - down and Bottom - up Approaches to Implementation Research: a Critical Analysis and Suggested Synthesis [J]. Journal of Public Policy, 1986 (1): 21 -48.

175. Robert P. Stocker. Just Institutions Matter: Implementing Federal Policy [M]. Pittsburgh: University of Pittsburgh Press, 1991.

176. Richard F. Elmore. Backward Mapping: Implementation Research and Policy Decisions [J]. Political Science Quarterly, 1979 -1980 (4): 601 -616.

177. Richard E. Matland. Synthesizing the Implementation Literature: The ambiguity conflict Model of Policy Implementation [J]. Journal of Public Administration Research and Theory: 1995 (2): 145 -174.

178. Richard Weatherley and Michael Lipsky. Street - Level Bureaucrats and Institutional Innovation: Implementing Special - Education Reform [J]. Harvard Educational Review, 1977 (2): 171 -197.

179. Sverker Gustavsson: Types of Policy and Types of Politics [J]. Scandinavian Political Studies, 1980 (2): 123 -142.

180. Thomas B. Smith. The Policy Implementation Process [J]. Policy Sciences, 1973 (2): 197 -209.

181. Thomas R. Dye. Understanding Public Policy (10th ed.) [M]. Englewood Cliffs: Prentice Hall, 2002.

182. Walker, R.. Social Security and Welfare: Concepts and Comparisons [M], Maindenhead: Open University Press, 2005: 200.

183. William P. Alford, Robert P. Weller, Leslyn Hall, et al. The Human Dimensions of Pollution.

184. Policy Implementation: Air Quality in Rural China [J]. Journal of Contemporary China, 2002 (32): 459 – 513.

185. Woodrow Wilson. The Study of Administration [J]. Political Science Quarterly, 1887 (2): 197 – 222.

186. Zhang Haomiao. Poverty and Politics: The Evolution of Minimum Living Standard Guarantee System in China in the Period of Transition [J]. Asia Pacific Journal of Social Work and Development, 2009 (2): 5 – 20.

附录

访谈提纲

一、农村最低生活保障对象

1. 基本信息：您的年龄、共同生活的家庭成员数（户口簿上登记的人数）。几个人享受了救助待遇资格？从何时开始享受的（享受了几年）？现在每个月的补助金是多少元？

2. 您是否知晓农村最低生活保障政策的基本内容？村委会、乡（镇）政府及民政局是否对政策进行了宣传？

3. 您申请低保救助待遇资格的原因是什么？您是主动申请的吗？

4. 您申请时是否有工作人员对您的家庭经济状况进行核查？如果有，请详细告知核查的过程，如村干部、乡（镇）干部（包括驻村干部、民政所干部，下同）、民政局干部是否对您进行了入户调查等。

5. 您所在的村委会是否召开过民主听证会对低保申请家庭的经济状况进行评议或对保障对象名单进行表决？保障对象名单是否进行了公示？如果进行了公示，公示过几次？

6. 低保补助金及其相关福利待遇是否对您和您的家庭有所帮助？您及您的家人是否因享受低保而在村里或亲友中感到难为情？在家庭经济状况好转（不再符合救助条件）的情况下，您是否愿意主动退出低保？

7. 据您所知，您所在的村在低保对象确定方面是否存在违规现象，如所谓的人情保、关系保以及骗保等？如果您发现了这些违规现象，您是否会向有关部门举报？

8. 您认为可以从哪些方面采取措施以使低保政策得到更加公平公正地执行？

9. 您是否听过“社会工作”“社会工作者”“社会工作机构”？如果听过，您对这些是否了解？社会工作者、社会工作机构作为独立的第三方来承接农村最低生活保障的申请受理、审核以及保障对象日常管理等是否可行？请谈谈您的看法。

二、非农村最低生活保障对象（普通居民）

1. 您是否知晓农村最低生活保障政策的基本内容？村委会、乡（镇）政府及民政局是否对政策进行了宣传？

2. 您是否申请过低保救助待遇资格？如您申请过但未成功，您觉得原因是什么？如您从未申请过，原因是什么？

3. 据您所知，您所在的村委会是否召开过民主听证会对低保申请家庭的经济状况进行评议或对保障对象名单进行表决？保障对象名单是否进行了公示？如果进行了公示，公示过几次？

4. 您在日常生活中是否会歧视保障对象？据您所知，是否存在低保“养懒汉”的现象？

5. 据您所知，村委会在低保对象确定方面是否存在违规现象，如所谓的人情保、关系保以及骗保等？如果您发现了这些违规现象，您是否会向有关部门举报？

6. 您认为可以从哪些方面采取措施以使低保政策得到更加公平公正的执行？

7. 您是否听过“社会工作”“社会工作者”“社会工作机构”？如果听过，您对这些是否了解？社会工作者、社会工作机构作为独立的第三方来承接农村最低生活保障的申请受理、审核以及保障对象日常管理等是否可行？请谈谈您的看法。

三、村委会干部、支部干部

1. 基本信息：年龄、文化程度（学历）、所学专业、职务，是否（安排专人）分管或经办农村最低生活保障业务以及分管或经办的年限。

2. 您的上一份工作是什么？您是否参加过有关部门组织的农村最低生活保障或其他社会救助政策、业务培训？您认为您对低保政策是否熟悉？

3. 村委会是否对农村最低生活保障政策进行过宣传？您认为村民对低保政策熟悉程度如何？

4. 您所在的村确定低保保障对象的基本程序是怎么样的？是否调查申请家庭的经济状况？村委会是否召开民主听证会对申请家庭的经济状况进行评议或对保障对象名单进行表决？保障对象名单是否进行公示？如果进行了公示，一般公示几次？

5. 据您所知，贵村是否存在人情保、关系保以及骗保等现象？如您知道这些现象存在，是否会主动进行纠正？是否有村民举报低保违规的？如果有，一般是怎么处理的？

6. 据您所知，是否存在低保“养懒汉”的现象？是否有保障对象在家庭经济状况好转（不再符合救助条件）的情况下主动退出低保的？

7. 您认为低保政策在日常运行中存在哪些较为显著的问题？您认为可以从哪些方面采取措施，以使低保政策得到更加公平公正地执行？

8. 您是否听过“社会工作”“社会工作者”“社会工作机构”？如果听过，您对这些是否了解？社会工作者、社会工作机构作为独立的第三方来承接农村最低生活保障的申请受理、审核以及保障对象日常管理等是否可行？请谈谈您的看法。

四、乡（镇）干部（包括民政所干部、驻村干部）

1. 基本信息：年龄、文化程度（学历）、所学专业、职务、分管或经办低保工作的年限。

2. 您的上一份工作是什么？您是否参加过有关部门组织的农村最低生活保障或其他社会救助政策、业务培训？您认为您对低保政策是否熟悉？

3. 您是否前往辖区行政村指导、检查过该村的农村最低生活保障工作，包括宣传政策、主持（参与）低保申请家庭经济状况调查、主持（参与）民主听证会等？如果有，您多久去一次？如果没有，原因是什么？

4. 您所在的乡（镇）的保障对象名额是如何分配到各行政村的？

5. 据您所知，您所在的辖区的低保政策是否得到了公平公正地执行？是否存在人情保、关系保以及骗保现象？如果存在，这些现象发生的原因是什么？

6. 您（或您所在的单位、部门）是否接到过农村最低生活保障政策执行低保违规的相关举报？如果有，一般是怎么处理的？

7. 据您所知，在农村最低生活保障政策执行中主要存在哪些问题？您认为应该如何完善？

8. 您是否听过“社会工作”“社会工作者”“社会工作机构”？如果听过，您对这些是否了解？社会工作者、社会工作机构作为独立的第三方来承接农村最低生活保障的申请受理、审核以及保障对象日常管理等是否可行？请谈谈您的看法。

五、民政局干部

1. 基本信息：年龄、文化程度（学历）、所学专业、职务、分管或经办农村最低生活保障业务的年限。

2. 您的上一份工作是什么？您是否参加过有关部门组织的农村最低生活保障或其他社会救助政策、业务培训？您认为您对低保政策是否熟悉？

3. 您是否前往辖区乡（镇）、行政村指导、检查过当地的农村最低生活保障工作，包括宣传政策、主持（参与）低保申请家庭经济状况调查、主持（参与）民主听证会等？如果有，您多久去一次？如果没有，原因是什么？

4. 保障对象名额是如何分配到各乡（镇）的？

5. 据您所知，您所在的辖区的农村最低生活政策是否得到了公平公正的执行？是否存在人情保、关系保以及骗保现象？如果存在，这些现象发生的原因是什么？

6. 您（或您所在的单位、部门）是否接到过农村最低生活保障政策执行低保违规的相关举报？如果有，一般是怎么处理的？

7. 据您所知，在农村最低生活保障政策执行中主要存在哪些问题？您认为应该如何完善？

8. 您是否听过“社会工作”“社会工作者”“社会工作机构”？如果听过，您对这些是否了解？社会工作者、社会工作机构作为独立的第三方来承接农村最低生活保障的申请受理、审核以及保障对象日常管理等是否可行？请谈谈您的看法。

后　　记

本书是在我的博士学位论文基础上修订而成，是我攻读博士学位期间学习效果及研究成果的展示。一方面，我确实生性愚钝、学业不精，研究工作有很多的不足，离心理预期尚有较大的距离；另一方面，毕业后，陪同父亲就医并陪伴他走完生命的最后时光，以及工作跨省调动，耗费了我极大的精力，使我难以顾及研究的拓展和书稿的完善，本书因而迟迟未提上出版的议事日程。

本书是我第一次独立地较为系统地开展研究的成果，虽有很多的不足，于我而言却值得纪念。我在毕业后的第二年以此为基础成功申报立项了国家社会科学青年基金项目，给予我极大的鼓舞，让我更有信心面对高校教师的职业。概言之，本书算是我的学术研究之路较为正式的起点，虽然有瑕疵，但于我而言既是鼓励也是鞭策。

付梓印刷之际，我也要"按惯例"说一些"客套话"，但确实是我的心里话：

感谢我的硕导李春根教授、博导关信平教授。在江西财经大学求学期间，李老师总是叮嘱我要勤读书勤思考，正是他的指引，我懵懵懂懂地开启了社会保障的学习之旅，在感性认识的基础上开始尝试进行一些专业方面的思考。我内心继续求学求知的"种子"便是在那个时候播种下的。承蒙关老师不弃，将我这个专业基础不扎实的学生纳入门下，使我得以进入南开大学求学。关老师德高且身正，三年来的教诲与潜移默化的熏陶，是我终身受之不尽的财富。

感谢赵万里教授、原新教授、张伶教授、吴帆教授以及郑飞北博士在我的博士学位论文写作之初给予有益指导；感谢成稿时匿名外审专家提出的中肯的修改意见；感谢郑晓英教授、杨立雄教授、谭琳教授、赵万里教授在答辩现场给予我的富有启迪性的完善意见。

感谢我的访谈对象，他们或是将自己积累多年的农村最低生活保障工作体会、经验思考分享与我，或是将自己申请、获得农村最低生活保障救助待遇资格的经过分享与我，或是将自己在农村最低生活保障方面的所见所闻所感分享与我。正是他们的这些毫无保留的分享，为我提供了翔实、生动的写作素材。非常遗憾的是，因为保密的缘故，我不能在此向他们公开地致谢。另外，我当时参与了亚洲开发银行“社会工作介入社会救助策略”课题组在上海杨浦区、浦东新区与成都青羊区、青白江区等地的访谈，在社会救助尤其是最低生活保障、社会工作介入社会救助等问题方面积累了丰富的感性认识并进行了初步思考，这些对本书撰写的帮助无疑是重大的，在此感谢课题组。这些访谈工作让我深切体会到了政策文本与政策执行之间的距离以及政策执行的重要性，也让我深刻领悟到了调查研究对研习社会政策的重要性。

最后，感谢江西财经大学财税与公共管理学院资助本书的出版。

赖志杰

2019 年 9 月 9 日凌晨于南昌